챗,

칫,

쳇

수요시포럼 제22집 챗, 칫, 쳇

초판 1쇄 펴냄 2025년 11월 25일

지은이 수요시포럼 김성춘, 권영해, 권기만, 김익경,
    장선희, 박수일, 정월향
펴낸이 김경희
펴낸곳 시인의일요일

표지·본문디자인 융다
경영지원 양정열

출판등록 제2021-000085호
주 소 경기도 용인시 기흥구 연원로42번길 2
전 화 031-890-2004
팩 스 031-890-2005
전자우편 sundaypoet@naver.com
블 로 그 https://blog.naver.com/sundaypoet
YouTube 시인의일요일

ISBN 979-11-92732-34-3 (03810)

값 15,000원

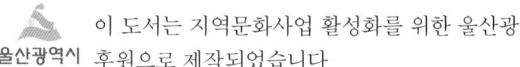 이 도서는 지역문화사업 활성화를 위한 울산광역시의 후원으로 제작되었습니다

수요시포럼 제22집

챗, 칫, 쳇

김성춘
권영해
권기만
김익경
장선희
박수일
정월향

차례

권두 시론

허만하 　메를로 퐁티 언어학의 에센스 ········ 9

시

김성춘 　벚꽃 나무 아래 버스킹·어머니·알겠느냐·가까운 골짜기·왕릉 지나며 ········ 19

권영해 　동백, 지다-돈오점수頓悟漸修·실밥도 밥이 된다·칼제비·봄은 경력사원-기대期待·달개비 ········ 31

권기만 　행성 기록자·벼랑·폭풍·곤충구름·고구마에 싹이 났다 ········ 43

김익경 　구체적이지 않아 구체적인 것·시늉의 후유증·만물상회·선방을 날려라·스위스로 가자는 말 ········ 55

장선희 　파슬리 세이지 로즈메리 그리고 타임·기차·조금조금 초록벽지·빛의 벙커·에게 식당 ········ 67

박수일 레드 썬·내가 아닐 개·역진화하는 소화기·스프링 캠프·불한당들의 투명한 디저트 ········ 79

정월향 솥을 걸었다·전성시대·다섯 개의 머리·뱀의 발을 보았지·거짓말을 하자 ········ 93

특집 I 텍스트 해방 매뉴얼

김성춘   푸른 달빛 속에 새가 울었다 ········ 110

권영해   지금은 하회河回의 시간이다 ········ 114

권기만   꽃이 들려주는 음악 혹은 영감 ········ 118

김익경   샌드 앤 리시브 Send & Receive ········ 122

장선희   무한의 안개 ········ 125

박수일   3′ 08″ ········ 128

정월향   시리지디 ········ 131

with 빈달 음악은 나에게 ········ 135

특집 Ⅱ AI(인공지능) 비평

◦ 일상과 영원의 교차, 성찰의 서정 ―김성춘 시의 시세계를 읽다 ········ 143
◦ 생활과 불교적 성찰, 언어유희의 조화 ―권영해 시의 시세계를 읽다 ········ 145
◦ 지식과 환상의 결합, 우주적 시선의 언어 ―권기만 시의 시세계 ········ 148
◦ 일상과 환상의 교차, 감각적 이미지의 변주 ―장선희 시의 시적 공간 ········ 151
◦ 모호함의 전략과 산만함의 위험 ―김익경 시의 비판적 검토 ········ 154
◦ 폭력의 상상력과 시적 긴장의 불균형 ―박수일 시에 대한 비판적 고찰 ········ 156
◦ 이미지의 과잉과 균열의 미학 ―정월향 시의 한계에 대하여 ········ 158

권두시론

메를로 퐁티
언어학의
에센스

허만하

허만하 1932년 대구에서 출생했다. 1957년 《문학예술》로 등단했다. (같은 해 봄, 병리학 전공으로 경북대 의대 대학원 입학), 시집 『비는 수직으로 서서 죽는다』『언어 이전의 별빛』『별빛 탄생』 포함 8권, 일본어 시집『동점역』, 시론집『시의 근원을 찾아서』, 산문집『청마 풍경』『길 위에서 쓴 편지』등이 있다. 청마문학상, 목월문학상, 이산문학상, 대한민국예술원상 등을 수상했다. 『수요시포럼』창간호부터 필자로 참여하고 있다.

권두시론·허만하

메를로 퐁티 언어학의 에센스

1. 신체의 재발견

 이번 세기 프랑스 사상의 특징으로 이미지론이 있다. 이 현상의 시작이 된 것은 베르그송의 저서 『물질과 기억』이라 할 수 있다. 이 저서에서 그는 물질을 이미지라 말했던 것이다. 이에 대하여 사르트르와 바슐라르의 이미지론은 각각의 시간론과 불가분한 모습으로, 베르그송에 대항하면서 형성된 경위가 이미지론이 뜨거워진 연유가 된 것으로 볼 수 있다. 베르그송의 시간의 철학을 넘어서려는 시도는, 각각의 철학자에게 독자적인 시간론과 불가분한 모습으로 베르그송에 대항하면서 형성된 경위를 가진다.
 다시 이러한 상황을 리뷰하면, 세계에는 여러 사물들의 다양한 이미지가 있다. 모든 사물은 저마다의 고유한 모습(형상)을 가진다. 바꾸어 말하면 그 이미지는 그 사물에 실존적인 것이다. 그런데 이러한 형상은 저마다 들쭉날쭉한데 이것을 간추려 단정한 기하학적인 형상으로 전환시키는 능력이 있는 것은 신기한 일이다. 이를테면 이 세계에는 어디에서든 완전한 원이 없다. 그런데도 인간은 원이란 관념을 가진다. 이 능력을 유럽에서는 플라톤의 이데아의 힘(능력)으로 보았다.

한국 시의 역사에서 플라톤이 처음으로 구체적으로 언급된 것은 필자의 시 <솔방울을 위한 에스키스>에 대한 김춘수의 비평에서 찾아볼 수 있다. 김춘수는 다음과 같이 말하고 있다. "허만하의 시는 언제나 이데아의 세계로 눈이 가 있다. 그가 세밀한 관찰 끝에 포착한 질료의 저편(노장적으로 말하면 무라고 이름 지을 수 있는 세계)에 대한 짙은 향수를 깔아놓고 있다. 그러나, 그것은 그의 형이상학적 세계요, 시로서의 가치는 그런 **향수**(고딕은 필자)를 말하는 그의 메타포의 신선함과 아름다움에 있다." (『김춘수의 사색 사화집』, 현대문학사, 2002년.)

독일의 신칸트주의 철학과 다른 프랑스 철학의 중심부에서, 기수 노릇을 하던 메를로 퐁티(철학의 대상을 정신(영혼)만이 아닌 이와 대등한 농도로 신체(육신)에서 찾는 새로운 철학을 전개하고, 자연과학적 실증주의에 반기를 든 신선한 철학을 전개한 것으로 유명하다.)의 죽음은 1961년 5월 3일 밤에 당돌하게 찾아왔었다. 그는 조금 전까지만 해도 자택(상 미셀 거리의 한가운데 있지만, 서재는 가운데뜰을 면하여 고요하게 자리해 있었다.)에 들어앉아 책상에서 일을 하고 있었으나, 오후 10시경 그는 의자에서 일어서서 그대로 쓰러졌다. 사인은 관상동맥 혈전증, 책상 위에는 틈새에 무엇이 빽빽이 적힌 쪽지가 끼어 있는 한 권의 책이 열린 채 펼쳐져 있었고, 그 옆에는 만년필이 굴러 있었다. 사르트르에게는 "한정 없이 계속되는 아픔"을 주고 프랑스 철학계를 당혹하게 하면서, 그는 모든 것을 침묵 속에 남기고 우리들을 앞서가 버렸다.

그와 우리를 붙들어 매고, 항상 반전의 가능성을 숨긴 채로 두는 생과 사의 경첩은 그의 사후, 책상 위에 열린 채 남아 있었다. 그것은 한 권의 책으로, 데카르트 전집 가운데의 한 권이었다. 사상계에 데뷔한 당초부터 주지주의 사상계의 우두머리로서 메를로 퐁티가 한결같이 규탄해 마지않던, 데카르트가 그의 임종의 서가 되었던 것이다.

튈리에트는 메를로 퐁티의 연구 장면을 다음과 같이 스케치하고 있다.

"그의 독서는, 선택적이었지만 주의 깊었다. 어떤 텍스트가 눈에 띄면 그는 펜을 들고 자유로운 주석과 같은 것을 써 두고, 다른 사람 생각에 자신의 생각을 접목하여 자기의 각인을 찍는 것이었다." 『지각의 현상학』의 여러 부분에서 잘 다져진 주석을 닮은 부분을 우리는 찾아볼 수 있다.

하이데거는 그의 부음을 듣고 다음과 같은 아쉬움을 그의 벗에게 말하고 있다. "나는 그를 한 번도 만난 적이 없지만 그의 철학이 잘 다져진 복수의 사유의 길을 더듬고 있었던 것을 알 수 있었습니다. 그리고 세계의 다른 재사들이 이러쿵저러쿵 말하는 일에 귀 기울이지 않고 의젓하게 자신의 소신의 길을 걸었던 일을 존경합니다."

인간이 신체 바깥에 있는 모습을 잡을 수 있는 것은 시각 장치로서의 눈이 바다의 전복 눈에서 볼 수 있는, 빛을 인식할 수 있는 세포 하나로 이루어진 안점에서 '와상안'(구멍 눈)으로 진화했기 때문이다.

인체의 최초의 눈은 빛의 유무를 인식할 수 있는 세포 하나 즉 안점에서 출발하여, 방향, 형상을 인식할 수 있는 단계에까지 진화한 것이다. 태초에 있었던 것은 빛이었다.

지구가 탄생한 것은 지금으로부터 약 46억 년 전이며, 생물이 태어난 것은 38억 년 전쯤인 것으로 알려져 있다. 동물이 자신의 신체 바깥 세계를 지각하고부터 지금까지의 역사는 천문학적으로 길고 긴 것이다.

메를로 퐁티의 철학이 영혼이 아닌 인간 신체를 바탕으로 한 것처럼 인간 시각기도 무에서 빛을 인지할 수 있는 세포 하나가 집단을 이룬 데서 출발한 것이다. 태초에 빛이 있었노라.

2. 메를로 퐁티 언어학 요약

이상의 논의와 떨어져서 유명한 언어학자로서의 메를로 퐁티의 업적 가운데서 인상적인 구절을 소개하려 한다. 1. 언어의 명석함은 지각의 질서에 속해 있다. 2. 모든 의식은 지각적 의식이다. 3. 지각되는 것은 이해되는 것의 원형이다. 4. 언어란 우리들의 실존이 자연적 존재를 초과하는 그 과잉성을 말하는 것이다. 5. 언어는 모든 신체활동의 연장에 대하여 새로운 것이다.

나는 언어의 본질을 다음과 같이 요약하려 한다. 언어는 우리들의 가장 개인적인 것을 보편적인 것으로 만들어 준다. 메를로 퐁티의 언어연구자들은 그의 언어연구를 3단계로 구분하여 논하기 일쑤지만 나는 그 에센스를 이상과 같이 요약하련다. 창조적인 시 활동에 종사하는 시인은 이따금 언어학자들의 논의에 귀 기울이는 일이 주요할 것이라는 생각을 새삼스럽게 더하기에 이른다.

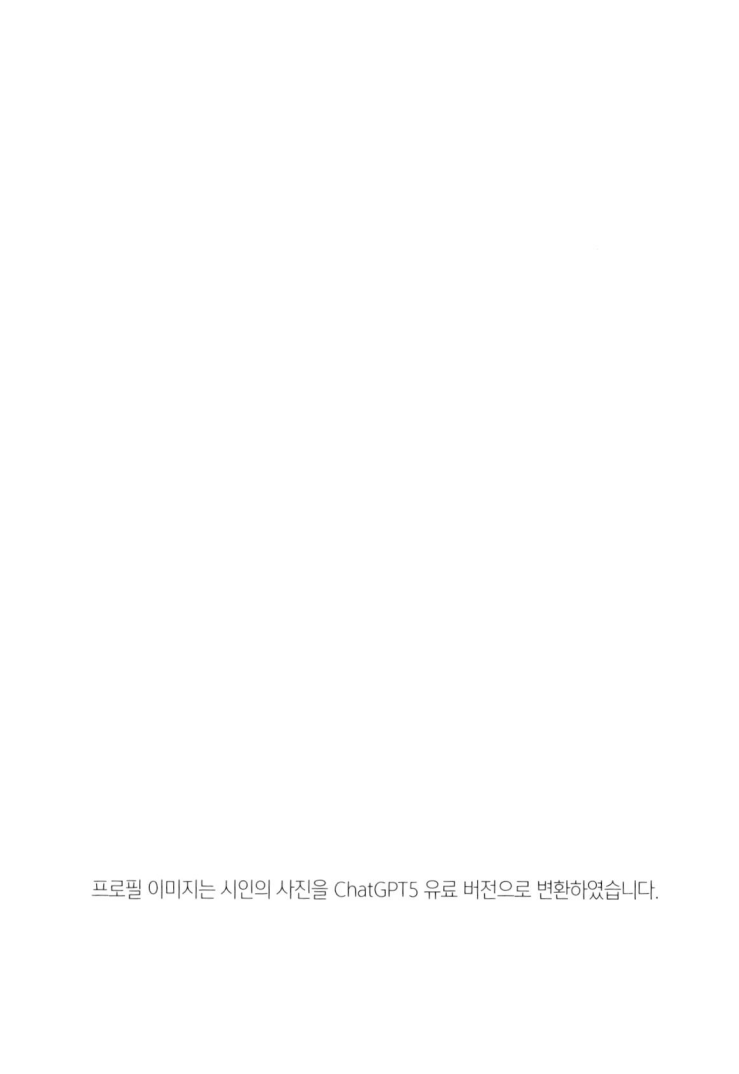

프로필 이미지는 시인의 사진을 ChatGPT5 유료 버전으로 변환하였습니다.

수요시포럼

시

시·김성춘

김성춘 1974년 제1회《심상》신인상(박목월 박남수 김종길 공동 선)으로 등단했다. 시집『방어진 시편』『물소리 천사』외 다수, 제15 시집『울고, 새가 갔다』(근간 예정, 시와 반시), 시선집『피아노를 치는 열 개의 바다』등이 있다. 제1회 울산문학상, 최계락문학상, 한국가톨릭문학상, 국제펜문학상을 수상했다.

벚꽃 나무 아래 버스킹

어떤 배역도 시시한 배역은 없다.
벚꽃 몸살 앓는 경주 해 질 무렵
허름한 천막 식당에서 우리는 돼지국밥을 먹고
벚꽃 아래 운동회 날처럼 자리를 깔고
약장수처럼 신나게 나팔을 불었다.

"바람이 불어오는 곳
어느 60대 노부부의 이야기,…"
세상은 허리가 조금씩 아파왔지만
어떤 노래도 시시한 노래는 없다.

소리 없이 저무는 형산강을 보며
벼랑 위 꽃처럼 슴슴한 저녁
우리의 버스킹, 시골 장날 닮았다.

살아서 노래한다는 것, 얼마나 큰 축복인가.
돌아오지 않는 쓸쓸한 생의 이야기들
강물처럼 끝없이 흐르고

시 · 김성춘

세상은 허리가 조금씩 아파왔지만
소리 없이 저무는 형산강을 보며
우리는 신나게 나팔을 불었다.
세상에 어떤 배역도 시시한 배역은 없다.*

*수필가 장영희 「손뼉치는 사람으로 뽑혔어요」에서.

어머니

병든 새끼 고양이 목덜미를 입에 물고
어미 고양이 한 마리
횡단보도를 건넙니다.

얼마 후,
어미 고양이가 도착한 곳은 어느 병원 앞,

병든 새끼 고양이를 병원 앞에 척, 내려놓고
무슨 요긴한 할 말이라도 있는 듯
의사 선생님 얼굴, 물끄러미 바라봅니다.*

아,
서너 살 내 유년 시절
콜레라 역병 유행하던 해방되던 그 무렵
몹쓸 병에 걸린 나, 죽어가고 있을 때
가련한 내 어머니
속절없는 나, 등에 업고
이 병원 저 병원 헤매고 다녔었지.

시·김성춘

온종일 오체투지로 방황했었지.

비할 데 없이 숭고한
저
한 마리
어미 고양이처럼!

＊2025년 인터넷 영상에서.

알겠느냐

― 두견새 우는 곳에 꽃이 어지럽게 흩어졌다.

열반송 마친 스님 이승 떴을 때
흩어지는 꽃잎처럼 사라지는 시간 앞에
오, 어쩌면 좋아, 멀어지는 안타까운 발자국들
슬픔은 뼈만 남긴 채 허무의 샘으로 흘러간다.

죽음 후에도 생은 이어지는 걸까?
꿈에도 현실에서도 중요한 것은 중요한 만큼 보이지 않고

"내 평생 지은 죄가 산보다 높다. 필희야, 내가 잘못
했다. 내 인생 잘못 선택했다. 나는 지옥으로 간다."

오, 어쩌면 좋아*
붉은 해 서산에 딱 걸렸다.
알겠느냐 1,2,3,4,5,6,7이여!**

시·김성춘

* 박소유의 시 제목.
** 성철 스님의 열반송, 필희는 성철 스님 딸 이름.

가까운 골짜기

티비 채널을 돌리다 나는 멈칫했습니다.
드라마의 한 장면 같았습니다.
기계 사이 벨트에 몸이 끼인 채.

이 일을 어쩐다, 어쩐다? 새와 다람쥐, 숲의
짐승들 어쩔 줄 모르고, 가까운 골짜기에서
악몽의 시간이 되풀이되고 있었습니다.

멀리서 보면,
검은 바다 위 파란 구슬 하나 고요히 떠 있고*
가까이 보면,
울퉁불퉁 눈비 퍼붓는 광야, 길 잃은 사람들,
가면을 쓴 채 지워지고 있었습니다.

천지에 바람은 일어
세상은 거꾸로 돌고 도는 헛바퀴
사람은 무엇으로 한평생 살아가야 하는가.
서둘지 말라,**

시·김성춘

사람은 어디서 와서 또 어디로 가고 있는가.

* 우주선에서 본 지구
** 김수영의 시, 봄밤에서.

왕릉 지나며

한 잎의 生을 생각한다.
우주 속
별똥처럼 사라지는 인간을 생각한다.

모래가 된 인간은 많지만
모래로 된 인간은 없다.*

경주 쪽샘 고분군과 봉황대와 대릉원
오솔길을 걸어 보라
세상에는
모래가 된 인간은 많지만
모래로 된 인간은 없다.

왕릉을 지나며
낙엽같이 살다 간 사람들
외로운 구름그림자들
왜 저렇게 어마어마한 허무를 쌓았을까?

시·김성춘

가랑잎처럼 떠나갈
말짱
도루묵 같은 生을!**

* 최승호 시집, 『모래인간』에서.
** 강은교 시인과의 대화에서.

시 · 권영해

권영해　1997년 《현대시문학》으로 등단했다.
시집 『유월에 대파꽃을 따다』 『봄은 경력 사원』 『고래에게는 터미널이 없다』 『나무늘보의 독보』가 있다.

동백, 지다 - 돈오점수頓悟漸修

찬란함이여,
숨이 멎는데
감동을 자제하기 힘들다

화무십일홍인 줄
봄인들 왜 몰랐겠는가?

삼라만상에는 다 생로병사가 있으니
저에게도 백팔번뇌가 있을 것이다

화엽花葉 활짝 펼치는 것도
이파리 시드는 것도
몸을 떨구는 것도
고해성사처럼 성스럽다

숨죽인 해탈의 순간
'불현듯 깨달음'과 '서서히 닦음'
사이

시·권영해

올해도
달이 지구로부터
3.8cm 멀어지고 있다

실밥도 밥이 된다

야구장 관람석으로 날아온
파울 볼 하나 주워 보니
겉가죽에 기워놓은
108개의 실밥이 도드라져 보인다

약간은 닳아버린 봉제선縫製線이지만
한 땀 한 땀 꿰맨
속 깊은 다짐
장인匠人의 손끝에선 명품이었다가
투수의 빈주먹을 먹여 살리고
이제 내 마음 안으로 들어왔는데……

어릴 때
장난치다 상처 난 곳에
꿰맨 실밥 아문 자리가
불현듯 아려온다

인생은

시·권영해

흉터를 남기더라도
실밥이 터질 각오로
전력투구해 보는 일

오늘은
야구공 하나에서
밥이 보인다

칼제비

칼은
날카로움만을 위해
제비를 몰고 오지 않았고
제비 한 마리가 왔다고
봄이 오는 건 아니지만

구수한 칼국수와
수제비의 콜라보collabo를 위해
어머니는 반죽을 시작하셨다

꽃샘추위에 제비는
뜨거운 봄을 부려놓고
우울한 빗소리를 들을 때
더 빛나는 역할을 하였다

칼바람이 부는 날,
제비는 날고
능률적인 칼질에

시 · 권영해

면발이 가지런하다

봄은 경력사원 - 기대 期待

대자대비한 봄이 왔다는 소문이
모두가 잠든 새벽에
총알 배송되었다

곧 세상이 훤해진다고,
꽃들이 다투어 통합의 길을 간다고,

그러나 이곳에서는 아직
자비로운 봄을 만난 적이 없으니
어쩌면
배달 사고가 났을 수도 있고
모르는 사이에 스쳐 지나갔을 수도 있고
아니면
와도 애써 외면했을 수도 있겠지

어찌 됐건
반복되든, 번복하든
감언이설은

시·권영해

꽤 현실적일 때가 있다

내일 아침에도
봄을 보았다는 목격담이
퀵서비스로 무자비하게 배달되기를
기대한다

달개비

어디서 봤더라

길섶의 저 소녀
배·시·시

대책 없이
빠~져~든~다~!
빠져든다

짧지만 강렬한 불륜으로
끝낼 수 없는 사랑

자,주,달,개,비,

수줍은 듯
새초롬하게
뇌쇄적인
잠언 한 구절

시·권영해

증거 인멸이
필요하다

시·권기만

권기만   2012년 《시산맥》으로 등단했다.

시집 『발 달린 별』이 있다.

행성 기록자

　에베레스트, 8,848m 북위 28°, 동경 87° 성층권의 2/3까지 솟아 있어 산소 부족과 강풍, 혹한 때문에 정상에는 동식물이 살 수 없다 티베트어로 '세계의 어머니'라는 의미를 가졌고 빙하로는 캉슝 빙하(동쪽), 주빙하인 동東롱부크 빙하(북쪽), 서西롱부크 빙하(북서쪽), 푸모리 빙하(북서쪽), 쿰부 빙하(서쪽과 남쪽), 서　쿰 빙하가 있다

　1초 동안 승용차 1대가 생산되고 4대의 TV가 만들어지며 8명의 새로운 생명이 탄생하고 5명이 목숨을 잃는다 20만 마리의 개미가 알에서 태어나고 1,200개의 달걀이 소비된다

　아콩카과, 6,962m 아르헨티나 서쪽 멘도사주에 있다 안데스산맥 최고봉으로 하나의 거대한 바윗덩어리로 이루어져 있다

　1초 동안 나무 35그루가 사라지고 인간들은 134억 8000만 개의 식물, 곤충, 동물을 죽인다 1초 동안 100번의 번개가 치고 160억 톤의 물이 증발한다

시 · 권기만

디날리 6,194m '높은 것, 숭고함, 위대함'이라는 뜻 미국 알래스카의 위치해 있고 1931년 첫 등반이 시작되었다 '매킨리'로 불리다 2015년 8월 아메리카 원주민의 이름인 '디날리'로 명칭이 변경됐다

 1초는 세슘 원자가 91억 9천2백63만 1천7백7십 번 진동하는 시간이며 우주에서 79개의 별이 사라지는 시간이다

 킬리만자로, 만년설로 덮여 '번쩍이는 산'으로 불린다. 5,895m로 남아프리카 공화국에 있으며 세계문화유산목록에 등록되어 있고 수렵이 일절 금지되어 있다

 1초 동안 지구가 태양으로부터 486억 KW의 에너지를 받고 420톤의 비가 대지를 적시고 재채기 때 터져 나오는 침이 100m를 날아가며 인간의 주먹이 1톤의 충격량을 만들어 내는 시간이다

옐브루스산, 5,642m 러시아 카바르디노발 카르 공화국과 카라차예보체르케스카야 공화국 사이에 있다 유럽과 아시아 경계선에 있어 기준에 따라 다르지만 유럽에서 가장 높은 산으로 꼽힌다

  우주 시간 150억 년을 1년으로 축소할 때 인류가 만들어진 시간 1초, 1초 동안 투수 손을 떠난 공이 배트에 맞고 다시 투수에게 돌아오고 총구를 떠난 총알이 900m를 날아가 표적을 관통하며 달팽이는 빗방울을 피해 1cm를 이동하고 벌은 무려 200번의 날갯짓을 한다

  정신인자는 물질 법칙을 초월하는 차원의 문에 기대 있어 해탈의 경지에 이르면 포털을 열 수 있다 다른 세상으로 가는 포털을 막고 있는 다섯 산이 사라지는 천지개벽은 언제쯤 일어날까

시 · 권기만

벼랑

갑자기 앞이 보이지 않을 때
거기가 낭떠러지다

나뭇가지로 절벽을 감춘
온몸으로 수직을 살아 높이를 가진 나무

수확한 모든 것을 던져버릴 수밖에 없는
꼭대기는 뛰어내리지 않아도 최후다

먼저 죽은 바다가 등 뒤에서 나를 민다
갑자기 앞이 보이지 않는다

폭풍

바람은 사람 속에 더 많다

사만 팔천 개의 폭풍을 지닌 잡스
폭풍의 눈으로 응축시켜 사람들 손에 하나씩 쥐여 줬다

제 속 바람이 수시로 휘몰아치는 폭풍 속을
아무렇지도 않게 걸어갈 수 있는 것은 그 때문

자신을 흔들면 커지는 바람
나무를 보고 알아챈 사람들이
폭풍의 고요를 삼킨 목련을 바라본다

심장으로 찔려야 맡아지는 장미 향
어떤 폭풍을 붉게 응축한 것일까

날개를 감추고 걸어가는 사람들
겨울 칼바람 햇살 한 줌으로 부풀려
벚나무의 단잠에서 꿈을 꺼내 보이는 그때

시·권기만

폭풍의 계절이 거대한 날개를 천천히 펴고 있다

곤충구름

  구름이 벌레처럼 기어간다
  벌레보다 더 많은 다리로 더듬는 것을 사람들은 장대비라 불렀다

  울음은 무당벌레 빵을 좋아했다 사실은 벌레가 빵을 더 좋아한다 거기에 집을 짓다가 다 먹어버린 참에 휑하니 드러난 하늘 장수하늘소가 피워올린 뭉게구름이 나무를 기어오르는 힘으로 흘러가고 있다

  애벌레라는 걸 몰랐다 나비로 고래로 사람으로도 탈피하는 무궁한 고치를 감추고 있다는 걸 몰랐다 몸을 살짝 뒤집어 비가 되기도 하지만 해를 가려 변신을 준비하는 동안 주문처럼 천둥을 발설할 때 얼마나 많은 후예를 준비하는지 몰랐다

  저렇게 많은 다리와 꼬리와 얼굴을 숨기고 조금씩 하늘을 뜯어먹다 가끔 거울 무지개를 만들어 내면을 보여줄 때 그 꿈이 세상을 아름답게 한다는 걸 알았다 몸을 꼬리처럼 흔들며 열심히 기어가는 곳에 있을 완성된 변신의 나라

시 · 권기만

내 안의 구름이 뜯어 먹은 곳에 지워진 하늘이 있고 지워진 만큼 나의 세상이 조금 나타나기도 하던 날 천둥이 크게 울었다

고구마에 싹이 났다

　싹은 꼬리라며 행성학자가 상자를 열었다
　멈춰 있는 것 같아도 아주 열심히 흔들고 있다고 했다

　꼬리를 뿌리로 만들고 거기에 방을 만들어 생각을 남기는 방법이
　흥미롭다 우수한 혈통이 많이 담길수록 크고 튼실하다 광이 난다

　갑작스러운 침입에 뻣뻣해진 꼬리
　얼굴인지 엉덩이인지 매끈한 몸통에서 엉덩이만 찾는 게 쉽지 않다
　번식의 시절엔 몸 전부로 엉덩이가 되는 거라면서
　몸속에 긴 꼬리를 키우는 건 고구마만이 아니라 했다

　알이 아니라 꼬리에서 나왔다는 걸
　그래서 잘 흔들리고 잘 흔든다는 걸
　때가 되면 저절로 꼬리를 흔들게 된다는 걸
　들킨 버릇으로 환하게 웃고 있는 고구마 붉은 싹이 간지

시·권기만

럽다

  은둔이 아니라 초월에 들어 있었다는 걸
  상자를 열고 보여준 행성학자가 가볍게 눈짓한다
  아무 말도 하면 안 된다고

  밭으로 가 흙 속으로 풀어주자 꼬리가 광속으로 펄럭인다

시 · 김익경

김익경 2011년 《동리목월》로 등단했다.
시집 『모음의 절반은 밤이다』 『점점점 볼링볼링』이 있다.

구체적이지 않아 구체적인 것

여긴 어디, 나는 왜 여기에

먼 길을 돌아 웃자고 했다

그때 모든 기분을 지워야 했다

표정은 나보다 나를 더 잘 알고 있으므로

익숙한 것은 온전히 비워주는 것

우리의 제사상에는 풍요로운 상상력이 올려지겠지

재생되지 않는 기쁨에도 서열이 있을까

의지는 의지를 두려워하고

이제껏 나는 나인 양, 나인 채

시·김익경

가능성을 엿보지만

두려운 것은 그저 두려운 것

여기, 벽지 한 장 붙이지 못한 방이 있다

시늉의 후유증

   자백하려고 했습니다 이유야 어떻든 상황이 어떻든 피치 못할 것은 없습니다 오지랖이었습니다

   가만히 있으려고 했습니다 이쪽으로 가라면 이쪽으로 저쪽으로 가라면 저쪽으로 가려고 했습니다 생각은 하지 않기로 했습니다

   마음에 드는 이름에 대해 생각하지 않았습니다 시늉만 했을 뿐입니다 얼굴은 마주하고 싶지 않았습니다 두고 온 짐을 생각하던 중이었습니다

   싸움은 마음보다 소리에서 시작합니다 술자리가 끝날 때쯤 우리는 원수가 되길 바랐습니다 제가 그랬다니까요 지긋지긋했다니까요

   밖은 보지 않기로 했습니다 안까지 잊고 싶어서

   어느 날 가장 아름다운 이름으로 불리던 사람이 떠날 것

시·김익경

갈아

드라마는, 머리카락처럼 소장하기 어렵습니다

만물상회

#3*. 어느 여인이 주유소에서 반지를 떨어뜨렸다 주유원이 함께 찾았지만 찾지 못했다 그 여인은 귀한 반지이니 나중에라도 찾아주면 천 달러를 주겠다고 했다 마침 그 주위를 서성이던 거지가 반지를 찾았다 주유원은 삼백 달러에 반지를 샀다 거지는 오픈카를 타고 기다리던 여인과 함께 떠났다

#103. 말쑥한 사람이 어머니 가게에 찾아와 며칠 뒤 숯을 대량 구매하겠다고 했다 어머니는 숯을 구해놓겠다 했다 도매상을 찾던 중 숯을 파는 트럭이 때마침 찾아왔고 어머니는 숯을 사 놓았다 며칠이 지나도 숯을 살 사람은 오지 않았다

#5. 모르는 카톡이 왔다 주식으로 대박을 터트렸다며 당신에게도 중요한 정보를 주겠다고 했다 1년간 정보이용료를 지급하면 손실까지도 보상해 주겠다고 했다

#18. 등록되지 않는 카톡이 왔다 남편은 지방 근무 중이고 아이 한 명을 키우고 있는데 취미로 골프를 한다고 했다 언제 식사라도 한 끼 하자고 했다 외로운 사람끼리

시·김익경

#9. 미국에 간 선배가 지갑을 잃어버렸다며 SOS를 쳤다 귀국하면 송금할 테니 오백만 원을 송금해달라고 했다

#108. 서기 2095년 로봇의 눈물 사기가 극성을 부리고 있다 눈물은 지구에서 로봇만이 가진 감정으로 인간을 현혹하는 최대의 무기가 됐다 비트코인 자동이체 로봇 피싱은 경범죄로 처리된다

잡힌 발목은 우주를 벗어날 수 없다

그곳에는 수학의 정석 같은 베스트셀러를 판다

* 미국 영화 <쉐이드>(2003)의 한 장면.

선방을 날려라

 딸이 있다면 매일 아침 이렇게 얘기하겠습니다 누군가가 괴롭히기 전에 선방을 날려라 왕따를 당하기 전에 그들의 세계를 지배하라 그렇게 주체적으로 살았으면 좋겠다고

 남들보다 뛰어난 두뇌와 미모는 줄 수 없으니 잡초처럼 모나게 자라라 피카소의 여인들처럼 개성 있는 얼굴이 성공하는 시대가 왔으니 그 얼굴들을 기억해 다르게 살아가는

 각진 얼굴, 비틀린 눈을

 통금시간은 정하지 않을 거야 실패도 너의 몫이니 스스로의 시간을 정했으면 해 네가 나일 수 없듯 너도나도 희망 없는 그림을 그렸으면 해 공부, 까짓것 안 해도 괜찮아

 눈에 넣지 않기 위해 눈을 감고
 보듬지 않기 위해 손을 두르고 걷는

 왜 나를 낳았냐고 말하기 전에

시 · 김익경

나는 너를 갖지 않았다고

딸이 있었다면

스위스로 가자는 말

여섯 살에 초등학교에 입학했던 그녀는
여덟 살에 다시 학교에 갔다
빠른 여섯 살이라 우겼지만 받아들이지 않았다
가고 싶어도 갈 수 없는 일이 많아졌다 그래서
그녀는 스위스로 가자는 말을 자주 한다
스위스로 가자는 말에는 귀신이 붙어있다
그녀가 귀신과 주술의 문장을 끌어들인 것이다
앞뒤가 같은 나라여서 믿음이 간다는 그녀도
이제는 아재가 되어간다
아제아제 바라아제는 스위스로 가자는 말
씹으면 씹을수록 안락해지는
그녀는 돌아오지 않았다

시·김익경

시 · 장선희

장선희 2012년 웹진 《시인광장》으로 등단했다.
시집 『크리스털 사막』이 있다.

파슬리 세이지 로즈메리 그리고 타임

봄날 기분은 얼마예요?

사람들은 시장에서 싱싱한 위로를 고릅니다
나를 먼저 떠난 친구와 이웃들
시장에서 간혹 보입니다

슬픔이 차오르면 나는 한 마리 물고기가 되어
가판대에 표정 없이 누워 있곤 합니다

오늘은 봄나물과 어울리나요
파슬리 세이지 로즈메리 그리고 타임*을 살 겁니다

발걸음이 멜로디에 묻히도록
딸기는 표정에 상큼을 더합니다
슬퍼할 틈이 없도록 스카프를 계속 바꿔주세요

파슬리 세이지 로즈메리 그리고 타임은
머릿속 결말을 바꿔줄 이름

시·장선희

지루한 눈꺼풀을 깨워 줄
새로운 나를 찾는 게 바다 수영 같은 걸까요?

망망대해로 만든 의자가 필요합니다

흥정해 볼까요?
나비를 사고 싶은 마음은 누군가에게
들키지 않고 가까이 갈 수 있게 해줍니다

아프지 않기 위해 꽃 한 송이 삽니다

잊지 않겠다고 생각했던 걸 너무 많이 잊었네요
식탁 위에 정물처럼 앉혀 놓고
자주 바라보면 가까워질까요

나는 여전히 시장에 있고
맨드라미가 왕관을 쓴 꽃밭 속입니다

파슬리 세이지 로즈메리 그리고 타임은 못 샀지만
오늘은 내가 시장입니다

* 사이먼 앤 가펑클의 노래 <scarborough fair>에 나오는 가사.

시·장선희

기차

 잠이 들었다 기차 안에서 잠이 들었다 기차 안에서 이상을 읽다 잠이 들었다 금홍이와 까마귀를 지갑으로 만들다 잠이 들었다 정육면체에 앉아 비만한 삼각형으로 잠이 들었다 거울 속에서 왼손잡이인 나를 만나 까마귀처럼 울면서 잠이 들었다 세상이 딱한지 그가 딱한지 내기를 하다 잠이 들었다 69카페에 앉아 수족관의 꼬리지느러미를 보면서 잠이 들었다 69카페에 앉아 몇 시간째 커피를 내리고 내리다 잠이 들었다 여자는 골목을 달리다 까마귀처럼 그을린 폐로 잠이 들었다 내가 뛰는데 13명의 아이들이 바라보며 잠이 들었다 금홍이도 어딘가에 떨어뜨리고 지갑으로 잠이 들었다 손에 든 손거울이 막다른 골목을 비추며 잠이 들었다 날개가 돋으려는지 가려운 겨드랑이를 긁으며 옥상에서 잠이 들었다 문을 열려는데 당겨도 열리지 않는 권태로 잠이 들었다

 잠이 든 기차는 늙은 개처럼 내 발에 엎드려 잠이 들었다

조금조금 초록 벽지

벽지로 막아놓은 세상입니다
벽을 통과하면 하얀 꽃잎이 휘날립니다

웅성거림을 찾아 아이가 벽 속으로 들어가고
사람으로 매만진 저녁이 반질거립니다

아무도 아이를 찾지 못하네요
아이는 벽 밖으로 나오려다 넘어집니다

초록 벽지는 또 한 번 담장일까요
초록과 같이 자란 하얀 벽이
안을 밖으로 바꿉니다

반쯤 빠져나온,
벽지에서 바라본 옆모습이 들꽃 같습니다

이름을 불러보지만
입술 밖으로 떨어지는 건 빨간 꽃잎이네요

시·장선희

초록 벽지 속에서 무슨 일이 벌어졌던 걸까요

숨바꼭질이 너무 재밌던 나이,
다른 세상으로 건너가느라
배가 고픈 줄도 몰랐습니다

벽지가 바래도록 자란 아이는 어디로 갔을까요

사방연속무늬로 뻗어나간 들꽃입니다
천장과 벽 사이 어디엔가 있는 세상

찢어진 벽지를 꽃잎인 양 날려 봅니다
벽을 넘을 땐,
숟가락 한두 개쯤 없어져도 아무렇지 않습니다

빛의 벙커

　빛으로만 눈은 크게 뜨고 있습니다 천사의 입이 저럴까요 저기서 어둠은 악상입니다 외부 소음을 생각의 산란으로 바꿔 놓습니다 실수로라도 흥분하지 마세요 그저, 조용히 앉거나 벽면에 기댄 채 앞을 응시하면 됩니다 그러면 가볍게 천국의 한쪽 날개에 닿을 수 있습니다 제가 간 날은 지중해로의 초대, 라는 부제가 붙어있었죠 액자 속 그림만 불러오는 홀로그램은 많은 바다를 건너온 듯했습니다 벽면에 비친 실루엣은 다가갈수록 그 형체가 입술 같습니다 적정 거리는 그래서 필요하죠 크게 재채기를 하면 실체를 알아챌 것 같습니다 그래도 참아야 했죠, 여인 속에 서 있어도 살냄새가 나지 않고 배를 타도 연못을 건널 수 없는 이곳의 기다림은 다만 흘러가는 빛이죠 물고기는 지느러미 없이 물 밖으로 나와도 죽지 않습니다 빔프로젝터로 쏘아 올린 음악에 따라 나타났다 사라지는 르누아르 샤갈의 푸른 빛 여인도 사랑에 닿습니다 지하 벙커가 몽환으로 달구어지는 동안, 벙커 밖 감귤나무는 노란 열매를 매달고 기다려 줍니다 황금색 둥근 빛의 정점을 지나고 있습니다 벽에 매달린 열대 과일은 다만, 빛과 함께 사라질 뿐입니다 빛이 소멸되고 미로가 된 나를 겨우 다 통과했습니다

시·장선희

나는 그날, 감귤나무 노란 목소리로 맺힌 빛이었습니다 내가 그림이 되는 놀라운 장면입니다

에게 식당

  구운 새우를 먹으며 너는 페타치즈를 자른다 실내엔 아그네스 발차의 〈우체부〉가 흐르고 너는 조용하고 짧게 "에게"라 말한다 나는 뭐, 뭐라고? 하며 쟁반에 담긴 에메랄드 해변을 찍어 먹는다 너는 거친 빵을 손으로 찢으며 '치유'라 말한다 나는 '빵이 맛있다'로 알아듣고 말랑한 햇살 한입 베어 문다 우린 원형 테이블에 마주 앉아 여행객과 섞여 삼지창을 찾는 중이다 세상 언어가 해산물처럼 각양각색이다 헤라클레스가 작은 섬마을 돼지 통구이 기계 위에서 이발소 간판처럼 돌고 있다 하얀 골목은 화산재가 피운 꽃, 이곳은 지중해식으로 문어를 굽는다고 한다 내가 크라켄을 봤다고 하자 식탁 위 페룰라 꽃을 너는 '불'이라고 한다 시지프스가 밀어 올린 돌이 굴러내려 섬이 된 그쯤의 수평선 너머 하얀 신전이 오늘의 마지막 후식이라고

시 · 장선희

시 · 박수일

박수일 2020년《시와 반시》로 등단했다.

레드 썬

    화분에 총을 심었다 물과 피를 골고루 뿌려주며 어떤 싹이 나고 잎과 꽃을 데려올지 기대하며

    윗집에서 총을 빌리러 왔다 좀 더 기다려 달라 했다 아랫집에서 안부를 묻길래 싹도 안 보인다 했다 누군가 영양제와 비료와 살충제를 문 앞에 두고 갔지만 너무 일찍 뿌리면 안 된다는 전문가의 말을 들었다

    짧은 햇볕에도 잘 자라기를!
    쉽게 목마른 자에게 부끄러움을 주고 싶었다
    기다려라

    TV에서 불꽃으로 만든 가을을 기관총처럼 쏘아대는 래퍼다 태워버릴 듯이 바깥을 두드린다
    무대 앞에서 관객들이 쓰러지지도 못하는데
    손 들어! 머리 위로!
    너희들이 주머니에 넣고 잊어버린 반성을 뿌리째 털어 줄게!

시·박수일

무대 뒤에서 진짜 죽어간 사람들을 위해

추방당한 자는 먼저 이야기로 돌아온다 죽은 자처럼
어떤 모습일지 알 수 없지만,
비열해도 살아가고 잔인해도 살아간다
가지가 뻗어가고 잎이 뾰족해지는 그날까지
장전된 사람들이 손가락을 겨누고 탕탕탕,

우리 착하게 살지 말자 그렇지, 지금처럼만

한밤중 일어나 오줌을 눈다 거실 구석에 놓인 화분을 본다
싹 트는 소리가 희미하게 철컥,

기다려!

내가 아닐 개

이제 끝장을 넘길 개

뜨거운 무가 빠지지 않아 입천장 헐고 이빨 몽땅 뽑혀버린
철사로 꽁꽁 묶여 피멍 든 가죽을 훌렁 벗어버리는
솥뚜껑 열린 밑바닥에서 튀어 오르는

버둥거리는 네 발을 죽음 쪽으로만 몰아넣을 때
이 없이 잇몸으로 씹는다
벌거벗은 사랑으로 뛰쳐나간다

무관심과 무표정과 무감각을 뚫고 나갈 개
줄곧 도망만 치다 사납게 돌아설 개
네 손바닥과 발바닥을 핥던 혀를 뽑아버릴 개
네가 길들여 놓은 내일의 개새끼를 향해 꼬리 흔들지 않을 개

아가리에 무 빼고 지금 아는 게 전부가 아닌
목소리에 힘 빼고 내가 나를 뚫을 때까지 짖는

시·박수일

새 이빨이 영혼처럼 나기 시작할 개

역진화하는 소화기

　모서리가 부풀고 있다 벽은 아직 안녕하다 나와 너의 옆구리는 발길질에도 견딜 만하다

　분노를 지우지 못한 필체로 써 내려간
　편지, 귀 막으며 필사적으로 옆 사람을 끌고 살던
　벽, 너는 나를 후레자식이라고 부르고 나는 너를 미친년이라고 부르는
　집, 너무 적나라해서 나침반을 흔든다
　너는 나를 색깔 잃은 무지개라고 나는 너를 널뛰는 오로라라고
　탁탁, 라이터 켜듯 점점 사그라드는 목소리는
　어디에서나 붉고 짧게 태어나지만

　손대면 깜짝 놀랄 차가운 우리들의 사랑

　발화점까지 순식간에 끓어오른다
　우리가 깊숙이 감춰둔 짐승이 목덜미 낚아채는 손을 뿌리치고

시·박수일

치명적인 이빨을 드러내지 않으며 한 발짝 더,
식탁과 의자와 침대가 기꺼이 그슬리며

손에서 뜨거운 식칼을 놓치고 한 번 더 살아보겠다고
더러운 안전핀을 뽑는다

한 치 앞도 모르면서 하얗게 하얗게
사이렌과 세이렌을 구분하지 못하면서

스프링 캠프

함께 구르기 때문에 내면이란 게 생기는 걸까?

우리는 따로따로 구르다 정강이뼈와 스파이크가 부딪친다

마음대로 굴리지 못하던 것들

땀에 젖은 모자에서 피에 물든 양말까지

비 내리는 운동장, 우리가 쓰러진 채

괜찮아 더 더러워져도

쉽게 꿰매버린 가족같이 일어나, 우리의 홈이 풀스윙에 걸려들기 전

용서할까 머리를 바로 맞춰버릴까

악의적으로 적과 친구에게 같은 사인을 보내면서

시·박수일

서로의 실밥이 터지도록 이 악물고 공을 던질 때

일제히 그라운드로 쏟아져 나올 야유와 욕설과 함성과 벤치의 유니폼들

플레이 볼!

불한당들의 투명한 디저트

1

우리는 카페 문을 열고 우르르 들어간다
누구랄 것도 없이 에어컨 앞 의자에 앉는다

메뉴부터 정하자

아이스아메리카노 스무디 무슨, 요거트 블루베리 딸기 나는 따뜻한 차 뜨거운 아메리카노 아이스아메리카노 나는 망고로 바꿀래 나도 뜨아로

좀 전에 먹었던 한식 뷔페 음식에 대해 평가한다
입맛에 맞았지만 간이 조금 세다고
그래도 다양해서 입맛대로 골라 먹어서 좋았다고

태양이 통유리창을 두들겼지만 소리가 나지 않는다

누군가 에어컨 온도를 더 낮춰달라고 알바생에게 말하고

시 · 박수일

물티슈로 목덜미를 닦는다
 누군가 이맛살을 찌푸리며 더울수록 너무 차가운 것만 찾으면 안 좋다고 옆 사람에게 속삭인다

 종이 빨대가 환경보호에 도움이 안 된다고
 이번 선거를 보니 우리나라 미래가 걱정이라고
 돈이 안 된 지 오래된 문학을 왜 붙잡고 놓지 못하냐고
 AI가 대체할 내일이 대체 어떤 것일지 상상이나 해봤냐고

 주문하신 음료가 나왔다고 진동벨이 울리자
 약속한 것처럼 두 사람이 카운터로 걸어가고
 나머지 사람들은 전처럼 대화를 이어간다

 눈동자가 살짝 흔들린 사람도 있다

 2

 AI에게 사주를 물었더니 내가 글을 써야 한대

그래? 나도 물어봐 줄래

"개인 서사와 사회 서사가 이질적으로 엮이며, 감각적인 문장 몇 개에 의존한 시적 긴장이 구조적으로 지속되지 않는다. 특히 내밀한 감정과 사회적 발화가 충돌하거나 병치될 때, 그 연결고리가 작위적으로 느껴진다."*

내 사주를 봐달랐더니,

조금밖에 안 남은 망고 스무디를 급하게 빨아
쪽쪽 소리가 난다
민망해서 마지막엔 조금 힘을 뺀다

3

누군가 사람을 연쇄적으로 죽이는 방법을 말해준다

* ChatGPT

시·박수일

시·정월향

정월향 2019년 《경북일보》에 소설, 2021년 《진주가을문예》에 시로 등단했다. 2022년 수주문학상을 수상했다.

솥을 걸었다

#1
마음이 흐려졌다
쥐도 새도 모르는 일이었다

붉은 점과 힘든 점과 캄캄한 점과 걸쭉한 점과

날파리들 들들들 사이에서 끓고 있었다 삼만이천 년 동안 미룰 수 없던 것들이 섞인

건데기들이/건더기들이 외로웠다 표류할 것이었다

#2
하늘을 덮고 싶었다 치솟는 구름과 그 안에 들어있는 알 수 없는 분량의 물, 떨어질 수 있을까 떨어지면 고일 수 있을까 꿈인 듯 계절인 듯 낮밤이 쏟아지고

검은 자전거가 멈추고

시 · 정월향

가게마다 불이 켜지고

#3
환하다고 할 수밖에, 경우의 수는 많았다 맞다 아니다 사이에 나는 늘 서 있고

경적이 울릴 때 돌아보았다 손목을 꺾고 팔꿈치를 꺾고 목을 돌리고 발목을 꺾고

사마귀가 되어 노려보았다

#4
소원을 빌었다

애인을 주세요
꿀술을 주세요

#3
특별한 일은 자꾸만 사라졌다 특별이란 처음부터 없었던 것일까

그래서 설득이 필요했다 손바닥, 서늘함, 얼음, 길고 하얀 손가락, 떨어지는 몸, 물드는 타일까지

기분이 좋으면 늘 나빠졌다 행운이 있으면 사라졌다 행복하면 불안했다 사라질지 봐 덮일까 봐 무너질까 봐

오래 설득했다 나를 설득하는 일이 제일 어두웠다

#2
소원은 오지 않고 돌이 남았다

#1
넘어진 오토바이를 보았다 바퀴가 돌아가고 있었다 여전히 바빠 보였다

아이가 길게 울었다

#0
마녀들의 밤이 왔다

전성시대

  눈이 내렸습니다 모락모락 김이 나는 두부두부두부, 저 많은 덕순 씨들 어디에서 왔을까요, 도레미 근처에서 파라도 근처에서 발을 자꾸 멈춥니다 콩죽 팥죽 흐르는 다라이를 이고 덕순 씨가 걸어갑니다 허리가 가느다란 덕순 씨는 더 더 빨리 움직여야 합니다 남보다 두 배 빨리 움직여야 합니다 세 배 힘든 입에서 나와야 진짜 두부, 그래서 두부를 많이도 만들었습니다 삼십 계단을 내려갑니다 더 많은 연습이 필요합니다 작업복을 빠는 덕순 씨 기름 묻은 몸에다 비누칠을 하고 솔질을 하고 헹구고 또 헹구면 웃음기까지 쏙 뺄 수 있겠습니다 말끔한 두부를 이고 가는데 국수가 끓어 넘칩니다 뻣뻣한 두부가 지나갑니다 묵직한 장비를 들고 경례를 올려붙이고 그러다 발끝 잠시 삐끗하면,

  두부가 터질까요

  바람이 자꾸 부는데 웃음은 쏟아지고 국자는 바쁘고 숟가락 달달 떨리는데 핫둘핫둘 두부가, 서너대여섯 두부가 지나칩니다 도레미 도레미 떠내려가는 새까만 숟가락들은 콩죽일

시·정월향

까요 팔죽일까요

다섯 개의 머리

　어제의 머리를 쪼개버렸다 천둥이 새어 나왔다 푸른 번개와 붉은 번개와 따라 나오는 번개들로 20% 빛나게 되었다

　나보다 11% 행복하게 사는 그 애를 만났다 그때 잘린 머리가 아직도 엉켜 있었다 평범한 게 싫다더니 지갑에 권총을 밀어 넣었다

　소맥을 말고 있었다 거울에 비친 제 얼굴을 결눈으로 바라보았다 새로 바꾼 웨이브가 찰랑거렸다 책 따위를 보지도 않았지만 나보다 23% 행복했다

　애인이 아홉 명 더 많은 사람, 소파에 앉아 있었다 집에 맞춰서 구입한 소파라고 했다. 물소 가죽으로 만들었다고 했다. 예능프로그램을 바꿔가며 보고 있었다 웃음이 떠나지 않는 그 애의 입가에는 주름이 하나도 없었다 보조개가 예쁜 그 애는 나보다 5,040배 부유했다

　오늘의 꼬리가 더 짧아지고 내일 몫의 슬픔이 배달될 것이

시·정월향

다 그러므로 나는 매일 금이 가는 사람 그때마다 나는 쪼개지는 머리를 부여안는 사람 다른 애들보다 37% 불행한 내가 미워지지 않는 사람

전깃줄마다 알록달록한 죽음들이 늘어져 있다.

불량 사람 가짜 사람 깨진 사람마다 흘러내리는 애들이 저마다의 머리를 매달고 간다 잘린 머리들이 어깨마다 엉겨 붙어있었다.

뱀의 발을 보았지

  붉고 긴 끈을 따라 더 안으로 들어갔다 뱀들은 내장으로 발자국을 느낀다는데, 생각하며 한 발 한 발 딛는데

  침수되었던 골목이었다 뱀꼬리가 스르륵 빨려들고 앗, 저기는 우리 방 창문 내 강낭콩이 자라던 자리

  이쯤에 창살이 있었는데 그때 유리가 깨졌던가 아니던가 또다시 스르륵

  허리에 남아 있는 이빨 자국 숨소리 밀려다니던 울렁거리던 풀들 공벌레들 시궁쥐들 뱀의 혀처럼 날름거리는 구멍

  구멍 속 어둠은 살아있는 것의 동굴, 뭉개져 버린 교과서를 생각하고

  넘어진 나무가 저쯤에 나도 저쯤에

  평지는 움푹 패이고 웅덩이는 평지가 되고 할머니의 오빠

시·정월향

의 엄마의 웅덩이의

  발자국 공원, 뱀의 꼬리가 저기쯤 사라지는데

  끄응, 하고 숨을 들이마시는 아빠가 있었던가 아니던가

  그런 비는 없었다고 꿈꾸고 있다고
  이쯤에는 햇빛이 나겠는데

  비둘기가 꾸벅꾸벅 지나가고 무언가 주워 먹고

  풀잎에 달린 물방울이 예뻐서 우리들은 계속 사진을 찍었다

  머리를 쿵쿵 울리는

  뱀의 발자국 소리를 들었다

거짓말을 하자

   사랑이 있다고 했다 끄나풀이 줄줄 풀려나는 이야기 가슴 뛰고 눈물 솟는 이야기 산을 뒤집고 세상을 바꾸는 이야기 바다로 우주로 뻗어가는 그래서 쓸 수 없는 이야기 써서는 안 되는 이야기 말할 수 없는 이야기 그러니까 사랑은 숭고하다고 그러니까 거짓말이라고 혹은

   태어난 적도 없었지 깊은 구멍에서 기어나와 그늘과 햇살도 역사로 만드는 사람 무덤에다 꽃을 피우는 사람 넘쳐나는 마음에 빠져 죽는 사람의 이야기

   이야기를 쓸 때는 감옥이 사라지고 이야기가 없을 때는 머리가 잘렸다

   미친 거라고 혹은 위대하다고

시 · 정월향

특집 I

텍스트 해방 매뉴얼

with 빈달

텍스트 이전에는 무엇이 있었을까. 우리는 왜 여전히 책 속에만 머무는가. 이 질문에서 시작된 작은 실험. Post of Text는 텍스트의 영역을 책 밖으로 확장하려는 시도입니다. 온전히 음악에 의지해 사전 정보 없이 주어진 곡을 듣고 각자의 방식으로 글을 써 내려갔습니다. 젊은 음악가 김온유, 싱어송라이터 빈달이 함께해 주었습니다.

[매뉴얼]

1. QR코드를 휴대폰 카메라에 담는다.

2. 연결된 링크를 누른다.

3. 음악을 듣는다.

4. 산문을 읽는다.(혹은 3과 4를 함께 실행해도 좋습니다)

5. 허공에 떠다니는 공감각의 자유를 찾는다.

6. 어떠한 한계를 두지 말고 연상에 빠져든다.

시늠, 텍스트가 해방될 준비를 마쳤다.

푸른 달빛 속에 새가 울었다

김성춘

　지금 나는 온유(손녀)가 연주하는 쇼팽의 <피아노 콘첼트 1번> 마단조 제2악장(로맨스)을 유튜브를 통해 듣고 있다.
　느린 템포의 아르페지오가 달빛처럼 화려하게 펼쳐지는 게 인상적이다.
　오케스트라 협연은 독일 '부퍼탈 심포니 오케스트라'다. 콘서트 연주 홀은 역사가 깊은 슈타트 할레, 지휘는 독일의 최연소 감독으로 유명한 '패트릭 한'이 맡았다.

*

　쇼팽의 연인이었던 '콘스탄차'와의 사랑이 싹트던 시절의 작품이라 달콤한 분위기의 피아노 선율이 은은한 달빛이 주는 몽환적인 느낌과 함께 황홀하도록 아름답다.

  고독과 그리움과 우울한 감정이 가슴에 사무치게 묻어오는 분위기다.

  사춘기인 온유가 제법 아르페지오의 몽환적인 테크닉을 잘 살려 분위기를 잘 연출해 내고 있다.

  생각이 깔려있지 않은 음악은 진정한 음악이 아니다(쇼팽)

  선율과 선율 사이로 바람 소리 새소리 나뭇잎 바스락거리는 소리가 들리는 것 같다. 자연의 아름다움과 사랑의 신비한 감정이 조화를 이룬 낭만적인 느낌을 준다.

    달빛이 뚝뚝 지고 있다.
    낙엽이
    온 산에 가득하다.

    가을이 아프게
    새 한 마리 울고 있다.

                *

  쇼팽의 전기에 의하면,

쇼팽은 제자들이 연주할 때, 혼을 다 쏟는 연주를 좋아했다.

쇼팽은 자기가 좋아하는 바흐나 모차르트만 가르치지 않았다. 베토벤의 <열정 소나타>(작품 57번)는 반드시 수업에 포함시켰다.

쇼팽은 슈만을 철저히 무시했고, 슈베르트도 행진곡과 폴로네이즈 몇 곡만 제자들과 연탄 연주했을 뿐, 나머지 작품은 거들떠보지도 않았다.

멘델스존의 작품은 '무언가' 첫 곡만 추천했다.

*

삶은 모순투성이고, 때로는 지옥에 가까운, 황홀한 악몽이다.

*

괴테는 좋은 시에 대해서 이렇게 말했다.
"좋은 시란 어린이에게는 노래가 되고 청년에게는 철학이 되고, 노인에게는 인생이 되는 시다."
그리고 헤밍웨이는 또 이렇게 말했다.
"작가는 *그냥 진실한 문장 하나를 찾아* 평생 공부를 한다."
그렇다. *그냥 진실한 문장 하나를 찾아!*

텍스트 해방 메뉴얼·김성춘

*

경이로운 손
- 쇼팽에게

나뭇가지가 바람에 휘어지는 듯, 폭풍우가 휘몰아치는 듯
그의 손은 경이롭다.
애인 조르주 상드는 벨벳 같은 손가락이라고
제자 조르주 마티아스는 '군인의 손' 같다고.
그의 손은 경이롭다.

타계 일 년 전 친구 폰타나에게 그는 고백했지
평생 마음대로 할 수 없었던 게 둘 있었다고
'거대한 나의 코'와 말 잘 안 듣는 네 번째 손가락이라고
오, 그의 손은 경이롭다.

2025. 9. 7. 백로, 현곡에서.

지금은 하회河回의 시간이다

권영해

　세상은 곡선이다.
　강도 곡선이요, 산도 곡선이다. 강 따라, 산 좇아 흘러가는 구름도, 바람도, 인생길도 자연히 다 곡선이다. 만약 직선이 있다면 그것은 인위적으로 만들었거나 강제로 곧게 편 경우일 것이다.

　곡曲은 각角이 없고, 직直은 곡이 없다.
　물은 골짜기에서 낭떠러지를 만나 일시적으로 수직垂直 낙하하지만, 개울을 지나 강으로 나서면서 점차 긴 수평水平의 여정을 남긴다.
　길도 굴곡을 내포하고 있는 강물처럼 곡진曲盡하게 흘러가고, 인생도 굽이굽이 간곡懇曲하게 펼쳐진다.

텍스트 해방 메뉴얼·권영해

물은 겸허하여 늘 낮은 데로 향하면서 다투지 않고 완급을 조절한다. 계곡에서는 재빨리 달리다가 굽이진 곳에서는 완만하게 흐르고 저수지에서는 잠시 휴지休止하기도 한다. 되도록 에너지를 낭비하지 않고 굴곡과 우회의 길을 번갈아 진행하면서 적절한 물살을 만들어 나간다.

왜곡됨 없이 자연스레 사행蛇行하는 강의 생애는 부드러운 선율이 있고 리듬이 풍족하여 음악과 흡사하다.
숲에서 시작된 물 씨앗은 피콜로 독주처럼 호젓하게 물길을 내며 땅을 스며 흐른다. 송사리를 담고 나풀대는 계곡물은 '빠르고 생기있는' 비바체Vivace에 가깝고, 폭이 아기자기한 시냇물은 건반악기가 알레그로Allegro로 '명랑·경쾌'하게 남실대며 산책하듯이 연주한다.

남한강과 북한강 두 물줄기가 양평의 두물머리에서 합수하듯, 태백산에서 발원한 낙동강은 하회마을에서 U자형으로 우회하며 아다지오Adagio풍으로 편안하게 쉬어가다가 예천의 회룡포回龍浦를 감고 도는 내성천 줄기와 삼강三江 나루에서 만나 설렘 가득 교향시를 연주한다.

지금은 물돌이河回의 시간이다.
여유도 관용도 결여한 현대인은 아는 길도 물어가고 급할수록 돌아가는 것이 옳다.

  바다에 가까워질수록 다채로운 땅심을 적시며 흘러온 지류가 모여 규모를 키우고, 강폭은 넓어지며 강심은 더욱 고요하고 사색적이 된다.
  이것은 온갖 악기가 한데 모여 공연하는 관현악단의 웅장한 연주, 제각기 자신의 고유한 음색을 뽐내면서도 장중하게 하모니를 이루는 것과 같다.

  유장하게 흘러 흘러 소임을 다한 물줄기는 강 하구에서 기름진 삼각주를 일구며 라르고 칸타빌레Largo cantabile로 넓고 풍부하게 노래하다가, 철새들과 함께 바다에 몸을 섞는다.

  인생은 바다에서 배울 점을 찾아야 한다.

  어머니처럼 품 너른 바다는 먼 길 돌아온 강을 불문곡직하고 받아들인다.
  물의 생각이 깊어진 만큼 렌토Lento 리듬으로 느리게 너울대며 인류의 문명을 이곳에서 탄생시킨다.
  바다가 파란만장한 여정을 꾸려온 강물을 따뜻한 가슴으로 포용할 때, 곡절 많던 세상은 비로소 철학적이고 평화로워진다.
  마치 불협화음을 내던 악기들이 거장의 노련한 지휘에 따라 일

사불란하게 마무리되는 오케스트라의 웅장한 피날레처럼.

강 끝에서는 늘 가슴이 먹먹해진다.

꽃이 들려주는 음악 혹은 영감

권기만

어느 날 우연히 길가에 피어 있는 애기똥풀을 보다가 발돋움하듯 피어 있다는 생각이 들었다. 그런 생각이 들고부터 내게 꽃은 매우 적극적인 존재로 인식되었다. 온몸으로 자신을 드러낸 꽃은 그냥 아름답기만 한 것이 아니다. 조금 멀리서 보면 하나의 군무처럼 보인다. 그리고 문득 함께 춤추고 있는 자신을 만나게 된다.

그렇게 만난 꽃은 내가 그의 이름을 불러 주지 않았는데도 내게 다가와 있었다. 다가와 있기만 한 것이 아니라 나를 유혹하고 꼬집고 내 입술을 향해 발돋움하듯 입술을 내밀고 있다. 눈을 지그시 감듯 은근슬쩍 내 감성의 경계를 허물고 있다. 은근슬쩍이 가지는 뉘앙스는 아주 치명적이다. 거기에 유혹당하면 기억 끝까지 함께 흔들려야 한다. 그러므로 나에게 바람이 분다는 것은 꽃의 투정이

텍스트 해방 메뉴얼·권기만

시작되었다는 것을 의미한다.

　어떻게 보느냐도 중요하지만 어떻게 듣느냐도 중요하다. 내가 말을 걸기도 하지만 내가 바라보고 있던 대상이 문득 말을 걸기도 하는 것이다. 무심코 꽃을 보게 되면 반드시 먼저 말을 걸어온다. 나도 모르게 흥얼거리게 된다. 꽃은 철새처럼 날아왔다가 금세 또 날아간다. 식물은 그런 정거장을 하나씩 가지고 있다. 그런 정거장이 내게는 영감이다. 시적인 영감은 꽃처럼 금방 떠나간다. 그것을 후렴처럼 잡고 있는 것이 음악이다. 리듬은 영감이 흘러가고 있는 강이다. 내가 흥얼거리고 있을 때 나는 틀림없는 강이다. 은하수가 되기도 하고 샛강이 되기도 한다. 구름을 흥얼거릴 때 나는 나도 모르게 조금 행복해진다.

　안개 속에서 몸체를 들어내듯 꽃이 피면 어딘가로 날아가기 위해 활짝 펼친 날개를 보게 된다. 펄럭임을 안으로 물들이고 색채로 노래할 때 듣게 되는 그 향기는 참으로 아름답다.

　꽃에도 가슴이 있다는 말은 사실이다. 모든 시선을 넘어선 따뜻함이 꽃의 가슴이다. 붉고 흰 선율은 심장이 매우 거칠다고 말해주고 있다. 기다리지 않고 시처럼 고도의 순간적인 에너지의 집중을 가진다. 시와 꽃은 그런 점에서 매우 닮았다. 시의 심장을 보여 달라고 한다면 나는 한 송이의 꽃을 보여줄 것이다. 허공에 떠 있다는 점에서 달과 구름처럼 흘러가기도 한다. 언제부터인지는 모르지만 꽃은 날고 있다. 꽃을 날개가 아니라고 철새가 아니라고 붉은 심장이 아니라고 말할 수 없다.

　꽃은 내 연약한 가슴과 동족이다. 가족 같은 느낌은 꽃을 만날 때마다 반가워지는 것에서 알 수 있다. 내가 추고 싶은 춤을 추고 있고 멀리 가고 싶을 때 철새가 되어 날아갈 줄 안다는 점도 혈족임을 말해준다. 다시 피기 위해 다시 날기 위해 다시 붉기 위해 다시 돌아올 수 있는 힘을 꽃은 가지고 있다. 붉어서 더 도도한 강이 흐르는 거기서 음악은 영감이 된다. 아니 뜨거운 포옹이 된다.

　사람의 어떤 것은 꽃처럼 핀다. 더 보고 싶어지고 더 가까이 가고 싶게 하는 꽃이 거기 어딘가 피어 있다. 어머니라는 꽃은 세상에서 가장 아름다운 꽃이다. 대체 그 향기를 맡지 못하는 사람이 있을 수 있을까. 하나의 계절을 건널 수 있게 하는 힘으로 꽃은 핀다. 파란 귀가 피어 있는 꽃에서 나는 한여름 밤의 잘 익은 달을 만나기도 한다.

　사람에게서 꽃을 보지 못하는 사람은 쓸쓸하고 외롭다. 피어 있지 않은 사람은 소통하기 어렵다. 그러므로 봐야 하고 만나야 하고 어울려야 한다. 그러한 느낌을 불꽃처럼 머금고 있는 것이 꽃이다. 불꽃으로 일렁이며 활활 타오르는 눈빛을 너무도 조용히 읊

조리고 있는 존재가 꽃이다. 연약함과 가냘픔, 선명한 색채 달콤함, 비상의 날개와 향을 가졌다는 점에서 인간의 내재율과 같은 음계를 가지고 있다.

  꽃은 사랑의 옷감이다. 펄럭임 하나로 지상을 점령하는 가장 화려한 외출을 완성한다. 저절로 가슴이 쿵쿵거리는 별의 입술을 꽃은 간직하고 있다. 춤으로 잠을 자기 때문에 꿈인 꽃, 파도 한 자락이기도 하고 구름의 어깻죽지이기도 한 불변의 음정이 묻어 있는 입술을 타박타박 공명하는 곳에서 꽃은 음악으로 핀다.

샌드 앤 리시브 Send & Receive

김익경

눈을 감는다. 눈을 감으면 보이는. 눈을 감아야만 보이는 것에 대해. 가만히 너를 본다. 너를 보는 것은 눈이 아니지. 눈이 없는 세상에 너와 내가 있어. 보내지 않았으므로 보내는 것. 보냈으므로 보내지 않은 것. 눈을 감으면 모든 것이 보여.

너에게 보내는 소리를 본다. 일렁이는 소리, 반기는 소리, 보이는 소리, 느끼는 소리, 선명한 소리, 흔적의 소리, 잊힌 소리, 찰나의 소리, 닿는 소리, 달빛의 소리를

일렁이는 눈, 반기는 눈, 보이는 눈, 느끼는 눈, 선명한 눈, 달빛의 눈, 흔적의 눈, 잊힌 눈, 찰나의 눈, 닿은 눈, 달빛의 눈을

텍스트 해방 메뉴얼·김익경

너를 기다리지 않는다. 기다리지 않는 것만이 기다림을 이기는 일, 지치지 않고 느끼는 일, 계속하지 않는 일, 밝히지 않는 일, 흔적을 지우는 일, 쉬운 것을 쉽게 만드는 일을

말하지 않는 것은 멈춘 것이 아니다. 말할 수 없으므로 더 명확한 소리를 빚는다.

닿은 것은 서로를 향해 움직이는 것이 아니라 멈추는 것. 보내는 것이 끝나는 순간, 보내진다는 일이 시작된다.

다시 눈을 감는다. 보이지 않아야 보이는 것이 있지. 멀어져야 가까워지는 것. 모든 소리가 끝난 뒤에도 남는 달빛, 모든 빛이 사라진 뒤에도 남는 잔상을 지운다.

더 이상 생각하지 않으려고 해. 꼬리를 물지 않으려고 해. 집착하지 않으려고 해. 모든 잠금은 잠겨있을 때 더 선명한 것.

우린 언제 볼 수 있을까. 언제 닿을 수 있을까. 더 선명해질 수 없을까. 우리에게 부족한 것은 뭐지. 며칠을 굶어야 할까. 오롯이 너를 담아내는 마음은 어디에 있을까.

자꾸 생각나잖아. 우리가 나눴던 소리, 우리가 만들었던 눈, 우

리의 발가락, 온전한 얼굴들, 불안했던 공간들.

시간은 흐를수록 더 선명해지겠지. 기억이 희미해질수록 마음은 더 또렷해지겠지. 보내는 마음은 돌아오는 길을 알까.

결국, 모든 마음은 보내는 동시에 받는 일이니깐.

텍스트 해방 메뉴얼·김익경

무한의 안개

장선희

장바구니 들고 시장 간다. 참외 수박 자두가 탐스러운 과일가게 앞, 입안에 단물이 고인다. 여름 낮은 더워서 길고 그늘이 없어 소란하다. 시원한 그늘이 그리울 때 맑고 청량한 목소리가 들려온다. 한 대의 피아노 선율로 낮게 깔린 물고기 떼처럼 날아오른다.

바다 위를 달리듯 걷게 하는 무한의 다리. 은빛 물고기 떼 같은 안개가 나를 물고기처럼 헤엄치게 한다.

시야는 뿌옇고 팔이 긴 외계 동물이 어디선가 나타날 것만 같다. 모두 안개 때문이다. 사건의 목격자인 안개는 비탄에 젖은 다리 난간을 꽉 붙잡고 있다. 무한으로 가는 중이다. 작년 봄 104대의 피아노가 서해의 작은 섬 자은도에서 공연을 펼쳤다. 자은도 뮤지

엄 파크는 거대한 음악당이 되고 바다를 건너온 파도가 밤새 환호했다. 클래식 음악을 접한 적 없는 섬마을 사람들에게 멋진 선율의 안개를 선물로 주고 싶었다는 기획자의 의도는 안개보다 넓게 퍼져나갔다.

    서해의 일몰은 쓸쓸함의 깊이를 알 수 없게 한다. 그 쓸쓸함에서 일어선 갯벌은 제 하반신을 바닷속에 숨긴다. 두려움은 경외심 가득 호기심으로 간절해진다. 고립과 연결이 피아노 건반 위 마을에서 간간이 발생하는 어두운 진실로 하얗게 뒤덮인다.

    사물을 감추는 능력으로 안개는 긴 모가지의 동물들을 키운다. 환상이 아니어도 환상이어도 좋을 어떤 천상의 경계를 넘어가는 야릇함은 자주 오지 않는 기분이다. 천사의 다리 위를 지난다. 천사가 날개를 펄럭이며 하늘의 문을 열어 놓는다. 1,004 개의 섬으로 이뤄진 신안은 고립의 아름다움을 보여주겠다는 듯 제각기 천국의 신비경을 펼친다.

    천 개의 문이 열리고 천 개의 문이 닫혔다.

    안개의 섬 자은도. 시야를 지워 좀체 알 수 없는 세계 속을 거닐게 한다. 여름날 듣는 피아노와 첼로의 협연처럼 묵직한 걸음을 선사한다. 끈적끈적한 개펄 냄새가 깊은숨을 내쉰다. 자은도에 들어

와서도 서쪽 끝에 있는 무한의 다리까지 한참을 달려보라고 한다.

반전은 무한하다고 되돌이표도 무한인 악상이 페이지를 넘긴다.

안개 스카프로 목을 두르고 모자를 깊이 눌러쓴다. 안개의 중심으로 들어서자 여러 형태로 모습이 바뀐다. 나는 철제 난간을 잡고서 발밑을 살핀다. 바다 위를 걷는 건지 구름 위를 걷는 건지 알 수 없는 내 발이 고양이의 것인지 개의 것인지 알 수 없다. 안개 속에서 온몸은 허방이다. 물결 소리 잔잔히 피아노를 치고 있었다.

물에 젖은 나무들이 오선지에 걸려 있다.

다시 도시로 돌아가는 긴 발목에 사람들의 얼굴이 하나둘 생겨난다. 104대의 피아노가 서로 다른 숨결로 하나가 되는 순간이다. 오케스트라의 낡은 악보 속
 악상조차 지운 안개가 딩딩딩, 여름의 후렴구처럼 아련하게 반복적으로 퍼지고 있다.

3′ 08″

박수일

햇볕이 강렬하게 내리쬔다. 무덥고 따가운 느낌이 팔과 목덜미를 핥고 지나간다. 그늘을 찾기 위해 걸음을 옮기다 목적지와 가까운 길을 잃고 잠시 두리번거린다. 잔디 깔린 운동장에 물을 뿌려서인지 열기가 더 나를 감싼다. 빠르게 건물 안으로 들어간다.

실내는 에어컨의 시원한 바람과 큰 블라인드로 다른 느낌을 준다. 실내 구조와 배치로 인해 바깥을 잠시 잊게 만든다. 안내 데스크에서 안내원의 친절한 목소리를 듣고 유니플렉스 1층의 지관서가에 들어선다.

책과 카페가 어우러진 이곳에 사람들이 옹기종기 모여 책을 읽기도 대화를 나누기도 한다. 우선 시원한 음료를 한 잔 주문하고 책을 몇 권 가지고 자리에 앉는다. 그리고 약간의 명상하는 시간을 가진다.

이어폰을 끼고 빈달의 음악을 플레이시킨다. 순식간에 나를 빗속으로 데려간다. 수많은 비가 긋고 간 날들이 투둑 떨어진다. 우산을 쓰고 지나간 날과 우산 없이 흠뻑 젖은 채 지나간 날이 있다. 더 잘게 나눌 수 있겠지만 덩어리로 기억나는 추억 속을 걷는다.

소나기가 세차게 흩뿌리는 날에 우산 없이 걸은 적이 있다. 젊었고 항상 불만에 가득 찬 시절이었다. 그렇게 15분 정도 쫄딱 젖은 채 걷다가 비가 거짓말처럼 그친 순간에 하늘에 여름의 태양이 빛나고 있었다. 나는 내 모습이 얼마나 처량할지 가늠하다 속에서 치밀어오르는 뭔가가 나의 눈을 통해 쏟아지는 걸 느꼈다. 눈물은 아니었다. 신호를 기다리는 동안 차 안에서 나와 눈이 마주친 사내를 노려봤다. 그는 어이없는 듯 쳐다보다 눈길을 흘끔거렸다. 나는 그 시선을 놓치지 않고 파란색 신호가 들어올 때까지 세상과 당당하게 맞선다고 느꼈다.

중학교 1학년 또는 2학년일 때 아침에 멀쩡한 하늘이 하교할 때쯤 어두컴컴해지더니 세차게 비가 내렸다. 나는 어떻게 집에 갈 것인지 난감해하며 출입문에서 서성거렸다. 내 친구들과 왜 따로였는지 기억나지 않지만 그 순간 한 학년 선배가 함께 우산 쓰고 가자고 하였다. 전혀 모르는 얼굴이었지만 그 친절에 감격하며 함께 걸었다. 대화하는 내내 조금 목매인 소리가 나왔다. 집 근처에서 나는 고맙다는 인사를 하고 뛰어갔다. 세상에는 내가 모르는 친절과 밝음이 있음을 직감한 날이었다.

   음악은 길지 않지만 나는 다시 듣고 다시 듣고 있다. 막 샤워하고 나와 새 속옷으로 갈아입은 기분을 반복한다. 자동차를 타고 UNIST까지 와서 여름휴가의 한가로움을 즐기고 있지만 뜨거운 여름도 곧 지나갈 것을 안다. 가을과 겨울, 다시 봄을 거치며 여름을 마주하겠지만 그동안 나는 비를 또 맞을 것이고 새로운 사람을 만날 것이다. 그때 나의 눈빛이 조금은 편안하고 여유롭기를 바라며 음악을 멈추고 책을 접는다.

텍스트 해방 메뉴얼·박수일

사라지다

정월향

  인간이 연기처럼 사라질 수 있다고 보니? 인간의 육체란 결국 물질적인 것이라서 사라지게 하기 어렵지 않을까? 살해한 뒤에 아주 찾기 힘든 곳에다 파묻어 버린다든가 약품 같은 걸로 다 녹여버린다든가? 그래도 우리나라처럼 좁은 공간에서 사회적으로 법률적으로 얽혀서 살아가는 공간에서, 사람들이 사라진다는 것은 어렵지 않을까? 한동안만 사라지게 할 수는 있지 않을까? 마트에 다녀올 정도의 시간 정도는 가능할지도, 아니, 마술사의 기술처럼 한 곳에 눈을 돌리게 하고 다른 곳으로 이동시킨 다음 뾰로롱, 하고 사라지게 한다면? 하하. 무슨 얘기를 하려고 하는지 나도 잘 모르겠네.

  시금 가로등을 향해 질주하는 것들이 있어. 여름밤의 또 다른 일상이기도 하지. 잘 보이지 않지만 귀찮은 것들. 행성들이 일정한 궤도를 배회하듯이 불빛을 맴도는 수많은 날파리들, 하루살이들. 그렇게 맴돌다가 죽어가는 그들을 보면서 그들은 왜 저런 배회를 멈추지 않는 것일까. 그러다가 공간에 대해 생각하게 됐어. 그들은 새로운 또 다른 공간을 꿈꾸고 있는 게 아닐까 하는 생각. 그들은 생존의 공간이 아니라, 카페나 술집 같은 공간에서 죽치고 싶은 거 아닐까. 거기서 술을 마시고 흉을 보고 소문을 부풀리고 취한 척 노래도 하고, 그렇게 웃고 떠들고 싶은 것은 아닐까. 그런 공간들이 오히려 인간을 살게 하는 것처럼 그들도 살기 위해 불빛을 찾는 것은 아닐까.

　발라에노프테라 무스쿨루스.

　나의 주문이야. 대왕고래의 학명이지. 지구 역사상 가장 거대하고 무거운 동물. 청고래. 흰긴수염고래. 이런 별명들을 가지고 있다고 해. 성체의 몸길이가 30미터에 달하고 무게만 200톤 이상이라네. 진공청소기처럼 크릴새우를 하루에 4톤씩 빨아들인대. 눈은 농구공만 하고 혀의 무게만 3톤. 하하!

　개미에게는 사람이 붉은 공 다섯 개로 보인다고 해. 아마도 사람이 보기에 대왕고래는 거대한 입 혹은 등 근육 혹은 꼬리지느러미로 보였을 것 같아. 한 번 움직일 때마다 날아오는 거대한 파도와 머리를 들 때 들려오는 거대한 숨소리. 그게 사람에게 보이는 대왕고래의 인상일지도 몰라.

어쩌면 불행도 대왕고래 같은 것이겠지. 전체를 볼 수도 없을 만큼의 거대한 몸집. 이 거대한 괴물 같은 것이 나를 내 뜻대로 움직일 수 없게 만들 것이라는 공포. 가까운 미래에 내 돈과 내 가족과 내 몸과 내 인생이 송두리째 흔들릴 것이라는 공포. 그런 괴물과 내가 곧 만나게 된다는 확신. 그 뚜렷한 두려움. 나에게 보이는 불행의 한 부분만으로 우리는 그것의 거대한 몸집을 상상하지. 그것의 호흡만으로도 무서워서 떨게 되는 것이지.

이럴 때 나는 내가 태어났을 때가 기억나는 느낌이야. 어둡고 좁은 곳에서 춥고 시끄러운 곳으로 나오던 기억. 다른 사람들은 내가 환상을 본다고 말하겠지. 그러나 나는 엄마 뱃속에서 들었던 소리들이 지금도 느껴지거든. 동당거리는 심장 소리와 꼬르륵거리며 말을 거는 소화기관들이 느껴지거든. 세상 밖에서 안으로 목소리들이 우왕우왕 울렸던 것이 기억나거든. 밖으로 나왔을 때 발이 너무 시렸던 것이 기억나거든. 그러므로 기억난다고 말할 수밖에 없지.

생각해보면 엄마 뱃속에서 나는 대왕고래의 호흡을 느꼈던 게 아닐까 싶어. 경험해 보지 못한 불행의 느낌. 불행은 왠지 미래형

인 것 같거든.

그래서 생각해 보는 거지. 나는 대왕고래의 호흡을 보고 불행을 믿는다. 대왕고래가 헤엄치는 물살을 보고 사랑을 믿는다. 대왕고래의 노랫소리를 듣고 그리움을 믿는다. 진짜 불행도 사랑도 그리움도 본 적이 없으면서 말이지.

결론을 말하면, 나는 사라질 수 있다고 생각해. 나는 존재하는 것이 아닐 수도 있으므로. 엄밀히 말해서 사라지는 것이 아니라 비존재로 돌아간다고 표현할 수 있겠네. 그리고 내 주변에 있는 나의 모든 사랑하는 비존재들!

우리는 모두 날파리들. 하루살이들. 우리들의 마음은 각자의 태양을 향해 날아간다. 나는 날아가는 마음이다.

발라에노프테라 무스쿨루스. 나의 주문이야.

텍스트 해방 메뉴얼 · 정월향

함께한 음악가 **빈달**

2011. 11. 3. 싱글 「비가 온다」 발매

2023. 6. 9. 싱글 「보고 싶은 사람이 참 많은 밤」 발매

2023. 8. 16. 싱글 「서해에서」 발매

2023. 12. 10. 첫 번째 단독공연 《음빛 신호》

2024. 6. 18. 더블싱글 「반짝」 발매

2025. 9. 1. 두 번째 단독공연 《늦여름 기억법》

음악은 나에게

빈달

곡을 쓰기 위해선 영감을 얻어야 한다.
영감을 얻기 위해선 경험해야 한다.
경험하기 위해선 움직여야 한다.
움직이기 위해선 음악이 필요하다.

'삶'이라는 둥근 원의 시작과 끝에 음악이 맞닿아 있다.
이젠 삶과 음악 그리고 내가, 모두 닮아 보인다.

처음부터 음악가가 되고 싶진 않았다.
초등학생 때 희망 직업을 적어 내야 할 때면
늘 아나운서, 소설가, 작가를 써서 냈다.
그러다 문득 음악이 삶의 한 줄기 빛이 되어준 건 중학생 때

텍스트 해방 메뉴얼·빈달

였다.

 한 줄의 가사가, 하나의 음이 죽음의 끝에 있던 어린 나를 다시 붙잡았다.
 '나도 이런 음악을 만들 수 있다면 얼마나 많은 생명을 살릴 수 있을까?'
 그 실없는 생각은 시간이 흐르고 흘러 지금의 나를 만들었다.

 음악가 중에선 천재가 많다.
 하지만 나는 그렇지 않다는 것을 몹시 잘 알았다.
 가사를 써도 곡을 만들어도 노래를 해도
 엉성해 보이기만 했던 내게
 예술인인 아버지는,
 "삶의 모든 것들이 다 음악이 되어야 해"라는
 간결한 부담을 다소 자주 주곤 하셨다.

 잔소리처럼만 들리던 그 말은
 스물다섯 무렵 내 안의 무언가를 타오르게 했다.

 사람들과 나눈 대화는 가사가 되고,
 눈으로 바라본 장면은 오선지 위 그림이 되고,
 아르바이트 중에도 영감이 불쑥 찾아오곤 했다.

마음 닿는 모든 것이 음악이 되는 세상은
나를, 빈달을 숨 쉬게 했다.

음악이 나에게 선물한 새로운 삶.
거대한 빈 달 같은 그 삶을
음빛으로 물들이는 나는, 빈달이다.

텍스트 해방 메뉴얼·빈달

특집 Ⅱ

AI(인공지능)
비평

시와 평론, 노동의 종말처럼 평론의 종말도 올까. 이번 제22집 동인지에서 수요시포럼은 이러한 질문을 던져본다. 챗GPT를 비롯한 생성형 인공지능은 이미 우리의 일상 깊숙이 침투해 있다. 문학과 예술의 영역도 예외는 아니다. 지금 이 순간에도 여러 분야에서 챗을 활용한 시도들이 활발히 이루어지고 있다. 최근 한 출판사에서 시집에 실릴 평론을 챗GPT에게 맡긴다는 이야기가 들려온다. 과연 이것이 예외적인 실험일까, 아니면 예고된 변화의 전조일까. 이에 수요시포럼은 동인들의 시 5편을 '챗 평론가'에게 맡겨 보기로 했다. 인간이 쓴 시를 기계가 읽고 분석하는 시대, 우리는 챗 평론의 효용성과 한계에 대해 독자와 함께 고민해 보고자 한다. 이번 기획에 수록된 평론은 챗에게 다음 두 가지 방식으로 요청되었다. 첫째는 일반적인 주례사 식 평론, 둘째는 시인의 단점과 문제점을 지적하는 비판적 관점의 평론이다. 이 실험을 통해 우리는 묻고 싶다. 기계의 언어는 과연 인간의 시를 제대로 읽을 수 있는가. 그 평론은 우리에게 어떤 감흥을 불러일으키는가. 판단은 여러분과 우리의 몫이다.

ChatGPT5 유료 버전을 사용하여 비평문을 작성하였습니다.

일상과 영원의 교차, 성찰의 서정

— 김성춘 시의 시세계를 읽다

　김성춘의 시는 일상의 소박한 장면과 영원에 대한 성찰을 교차시키며, 인간 존재의 무게를 사유하게 한다. 「벚꽃 나무 아래 버스킹」은 경주 형산강변의 봄날을 배경으로, 돼지국밥과 트로트, 버스킹 같은 서민적 풍경을 묘사한다. 그러나 단순한 흥겨움에 머무르지 않고, "세상은 허리가 조금씩 아파왔지만"이라는 문장을 통해 삶의 유한성과 세월의 고단함을 함께 담아낸다. "어떤 배역도 시시한 배역은 없다"는 구절은 박완서의 산문을 빌려와, 모든 인생의 장면이 존엄하다는 보편적 메시지로 확장된다.

　「어머니」는 해외토픽에서 본 어미 고양이의 행동을 유년 시절의 기억과 겹쳐낸다. 병든 새끼를 병원 앞에 내려놓는 고양이와, 콜레라 시절 병든 아이를 업고 병원을 전전한 자신의 어머니는 동일한 숭고함으로 연결된다. 일상의 작은 장면이 모성의 본질을 환기시키며, 개인적 기억과 보편적 인간적 체험이 하나로 어우러진다. 이는 김성춘 시의 중요한 미덕, 즉 사소한 사건을 보편적 의미로 확장하는 힘을 잘 보여준다.

죽음과 허무의 문제는 「알겠느냐」와 「가까운 골짜기」에서 전면화된다. 전자는 성철 스님의 열반송을 바탕으로, 꽃잎과 해의 이미지로 무상한 생을 성찰한다. 후자는 텔레비전 속 사고 장면에서 출발하여 "사람은 어디서 와서 또 어디로 가는가"라는 질문으로 나아간다. 직접적인 설법에 가까운 어조가 다소 시적 긴장을 해소하기도 하지만, 죽음을 응시하며 존재의 근원을 묻는 진지한 목소리는 독자에게 깊은 울림을 남긴다.

「경주 5」는 역사적 풍경을 매개로 삶의 유한성을 다시금 일깨운다. "모래가 된 인간은 많지만/모래로 된 인간은 없다"는 역설적 문장은, 인간의 흔적과 무상성을 동시에 환기한다. 거대한 능 앞에서 시인은 인간의 허망한 권력욕과 덧없는 생을 떠올리며, 역사와 현재, 죽음과 삶을 아우르는 시적 성찰을 이끌어낸다.

종합하면, 김성춘의 시는 생활 세계와 역사, 종교적 성찰을 오가며 인간 존재의 존엄과 덧없음을 동시에 드러내는 작업이라 할 수 있다. 때로는 설명적 어조로 인해 여백이 줄어드는 아쉬움도 있지만, 그의 시는 꾸준히 삶과 죽음을 직시하며, 일상의 풍경 속에서 보편적 성찰을 끌어내는 힘으로 빛난다. 그것은 곧 오늘날 독자에게도 여전히 유효한, "삶을 어떻게 살아야 하는가"라는 오래된 질문으로 되돌아가게 한다.

생활과 불교적 성찰, 언어유희의 조화

— 권영해 시의 시세계를 읽다

　권영해의 시는 생활의 언어와 불교적 성찰, 그리고 유머러스한 비유가 자연스럽게 어우러지는 데 특징이 있다.「동백, 지다-돈오점수」는 동백꽃의 낙화를 불교의 수행 개념인 '돈오점수頓悟漸修'와 연결하며, 일상의 계절 변화 속에 생로병사의 무상함을 성찰한다. 꽃잎이 떨어지는 장면을 '고해성사처럼 성스럽다'고 표현하는 대목은, 소멸의 순간조차 존엄한 의미로 전환시키는 시인의 시선을 잘 드러낸다. 그러나 그 끝에서 "올해도 달이 지구로부터 3.8cm씩 멀어지고 있다"라는 우주적 사실을 덧붙임으로써, 작은 꽃잎과 천체의 운동을 하나의 인식 지평에 포섭하는 시적 확장을 보여준다.

　이와 달리「실밥도 밥이 된다」는 야구공의 실밥에서 출발한다. 단순한 봉제선이 투수의 투구와 장인의 손끝, 어린 시절 상처의 기억으로 이어지며, 결국 인생의 전력투구라는 은유로 귀결된다. '밥이 된다'는 제목은 실밥과 밥을 겹쳐 읽게 하는 언어유희이자, 생의 의미를 발굴하는 시적 장치로 작용한다.

「칼제비」에서는 칼국수와 수제비라는 소박한 음식에 제비의 상징을 겹친다. "칼국수와 수제비의 콜라보collabo"라는 구절은 다소 장난스럽지만, 일상의 음식에 봄의 기운을 불러오는 제비를 겹쳐놓음으로써 소박하면서도 따뜻한 정서를 만든다. 음식의 조리 과정과 계절적 이미지가 자연스레 교차하면서, 삶의 체온을 불러오는 효과를 거둔다.

「봄은 경력사원-기대」는 봄을 현대적 소비 문화와 연결하는 발상이 눈에 띈다. '총알 배송'이나 '퀵서비스' 같은 표현은 전통적 서정에서 흔히 쓰이지 않는 언어지만, 여기서는 봄의 도래를 일상의 속도감 속에서 새롭게 해석한다. 그러나 그 표현 속에는 여전히 '자비로운 봄'을 만나지 못한 현실의 아쉬움이 담겨 있다. 봄은 늘 기대되지만, 실제로는 늘 어긋나 있거나 스쳐 지나가 버린다. 이는 반복과 번복 속에서도 희망을 놓지 않는 삶의 아이러니를 드러낸다.

「달개비」는 길섶의 잡초 같은 꽃을 소재로 하면서, 그것을 사랑과 불륜의 은유로 풀어낸다. "빠~져~든~다~!"와 같은 과장된 발화는 유머러스하지만, 동시에 달개비라는 소박한 식물에 새로운 감각을 부여한다. 일상의 사소한 풀꽃이 욕망과 사랑의 은유로 치환되며, 소소한 사물의 의미망이 확장된다.

종합하면, 권영해의 시는 생활 세계의 구체성과 불교적 성찰, 그리고 언어 유희적 발상을 교직해, 무겁지 않으면서도 삶의 의미를 깊이 성찰하게 만든다. 때로는 장난스러운 비유가 시의 긴장을 완화시키기도 하지만, 그 가벼움은 오히려 독자에게 쉽게 다가가는 힘으로 작용한다. 권영해의 시적 작업은 결국, 일상의 소소한 사물과 순간을 통해 생의 철학적 의미를 발굴해 내는 꾸준한 탐구라 할 수 있다.

지식과 환상의 결합, 우주적 시선의 언어
― 권기만 시의 시세계

　권기만의 시는 지식과 환상의 결합을 통해 독자에게 낯선 시적 경험을 제공한다. 「행성 기록자」는 에베레스트, 아콩카과, 디날리, 킬리만자로, 엘브루스 등 세계의 고산들을 하나하나 호명한다. 그러나 단순한 지리적 정보에 머물지 않고, 그 사이사이에 '1초 동안' 일어나는 세계적 사건들을 끼워 넣는다. 개미가 알에서 태어나고, 나무가 잘려 나가며, 세슘 원자가 진동하고, 별이 사라지는 시간들이 산의 높이와 병치되며, 세계는 압축된 시간과 공간의 총체로 변모한다. 이는 사소한 1초와 거대한 산맥, 인간과 우주의 차원이 한 화면에서 맞부딪히는 장관을 연출한다.

　그러나 그의 시가 단순히 지식의 병렬에 머무는 것은 아니다. 「폭풍」에서 보듯, 바람은 인간 내면의 은유로 전환된다. "바람은 사람 속에 더 많다"라는 선언은 자연의 기후와 인간의 정서를 같은 차원에서 읽어내는 통찰이다. 바람이 흔들리는 나무, 목련, 장미의 이미지는 결국 인간 존재의 흔들림과 직결된다. 여기서 폭풍은 파괴적이면서도 생명력의 은유로 작동하며, 인간의 내면을 형상화하는 힘을 얻는다.

「곤충구름」은 구름을 곤충으로 형상화하는 발상의 기발함이 돋보인다. 무당벌레, 장수하늘소, 애벌레와 나비로 변신하는 이미지들은 과잉처럼 보이기도 하지만, 구름이 끊임없이 탈피하며 다른 존재로 변환되는 모습을 보여준다. 이는 곧 세계의 변신 가능성, 생성과 소멸의 순환을 은유한다. 특히 "내 안의 구름이 뜯어 먹은 곳에 지워진 하늘이 있고/지워진 만큼 나의 세상이 조금 나타나기도 하던 날"이라는 구절은, 결핍과 생성의 이중성을 함축한 장면으로 인상적이다.

「벼랑」은 장광설을 배제한 채 극도로 압축된 언어로 존재의 긴장을 표현한다. "갑자기 앞이 보이지 않을 때/거기가 낭떠러지다"라는 단언은 삶의 불확실성과 극한 상황을 간결하게 드러낸다. 다른 작품들의 과잉된 이미지와 달리, 절제된 진술이 오히려 더 큰 울림을 남긴다.

「고구마에 싹이 났다」는 일상의 소박한 장면을 우주적 상상력으로 확장한다. 고구마의 싹을 '꼬리'로 재정의하고, 행성학자의 언어로 해석하는 방식은 우스꽝스러우면서도 새로운 의미망을 창출한다. 평범한 농작물이 초월의 상징으로 격상되는 순간, 독자는 일상 속에 숨은 우주의 질서를 목격하게 된다.

종합하면 권기만의 시는 백과사전적 지식, 자연과 인간의 상호 투영, 기발한 은유와 환상적 상상력을 결합해 독창적인 시적 공간을 연다. 물론 정보와 이미지의 과잉이 산만함으로 흐를 위험도 있지만, 그 실험적 과감함이 그의 시를 독특하게 만든다. 권기만은 일상의 사물에서 우주적 비전을 발견하고, 우주의 거대함 속에서 인간의 내면을 비춘다. 그의 시는 결국, 지식과 상상이 교차하는 지점에서 세계를 새롭게 읽어내는 시적 탐구라 할 수 있다.

일상과 환상의 교차, 감각적 이미지의 변주
— 장선희 시의 시적 공간

　장선희의 시는 일상의 익숙한 풍경을 출발점으로 하여, 그것을 환상과 감각의 층위로 확장시킨다. 「파슬리 세이지 로즈메리 그리고 타임」에서 시장은 단순한 생활 공간이 아니라 위로와 기억, 그리고 변신의 가능성이 교차하는 상징적 무대로 그려진다. '나를 먼저 떠난 친구와 이웃들'이 시장에서 마주치는 장면이나, 허브의 이름이 머릿속 결말을 바꾸는 주문처럼 기능하는 순간은, 현실의 무게를 환상적 상상력이 전환해 내는 방식을 보여준다.

　「조금조금 초록 벽지」는 숨바꼭질하는 아이의 이야기를 매개로 현실과 다른 세계를 넘나드는 서사를 펼친다. 초록 벽지는 경계이자 통로로 기능하고, 그 속에서 사라진 아이는 결국 들꽃과 같은 이미지로 잔존한다. 이는 유년의 기억과 환상적 서사가 교직된 작품으로, 일상 속의 사소한 장면을 초현실적 서사로 이끌어내는 시인의 역량을 확인할 수 있다.

　「기차」는 반복적 구조를 통해 최면적인 리듬을 만들어 낸다. "잠이 들었다"라는 구절이 끊임없이 이어지며, 화자는 기차 안과 바깥, 현실과 환상, 권태와 욕망 사이를 오간다. 이 반복은 자칫 장황하게 느껴질 수도 있으나, 권태로운 일상의 시간성을 전복해 독자에게 기묘한 체험을 제공한다.

「빛의 벙커」는 전시 공간의 경험을 빛과 그림자의 환영으로 풀어낸다. 빔프로젝터, 홀로그램, 르누아르와 샤갈의 이미지들이 몽환적으로 출현하고 소멸하는 장면은, 감각과 실체의 경계가 해체되는 과정을 드러낸다. 여기서 화자는 '내가 그림이 되는 놀라운 장면'을 맞닥뜨리며, 예술적 체험이 개인적 존재 인식으로 확장되는 순간을 포착한다.

「에게 식당」은 지중해의 음식과 신화를 교차시킨다. 새우, 페타치즈, 빵 같은 음식과 시지프스, 헤라클레스, 크라켄 등의 신화적 이미지가 한 식탁에 나란히 놓인다. 언어적 오해('치유'를 '빵이 맛있다'로 알아듣는 장면)는 타자와의 소통의 어려움을 드러내면서, 동시에 세계 언어의 다양성을 은유한다. 음식의 구체성과 신화의 상징성이 병치되며, 일상과 문화적 기억이 하나의 무대로 통합된다.

종합하면, 장선희의 시는 일상을 환상적 차원으로 끌어올리는 상상력, 감각적 이미지의 과감한 병치, 그리고 현실과 초현실의 경계 탐구라는 특징을 지닌다. 다만 이미지의 과잉과 반복으로 인해 정서적 밀도가 희석되는 순간도 있지만, 그럼에도 불구하고 그의 시는 일상의 공간을 낯설게 하고, 독자에게 현실 너머의 새로운 세계를 체험하게 한다. 장선희의 시는 결국, 삶의 주변부에서 발견한 사소한 장면을 보편적 감각과 환상의 차원으로 비약시킴으로써, 독창적이고도 몽환적인 시적 좌표를 구축하고 있다.

모호함의 전략과 산만함의 위험

— 김익경 시의 비판적 검토

　김익경의 시는 표면적으로는 구체적 사건과 일상을 붙잡지만, 곧바로 그것을 불확실성과 모호함의 영역으로 밀어 넣는다. 「구체적이지 않아 구체적인 것」에서 드러나는 "두려운 것은 그저 두려운 것"이라는 순환적 발화는 그의 시적 태도를 상징적으로 보여준다. 의미를 파고들기보다 그 자체를 드러내는 방식은 새로운 긴장을 만들기도 하지만, 동시에 언어가 자기 자신을 맴돌며 정서적 밀도를 희석시키는 결과를 낳는다. 독자는 결국 '구체적이지 않은' 진술의 반복 속에서 해소되지 않는 공허감을 경험한다.

　「스위스로 가자는 말」은 유년의 기억을 기반으로 현실의 부조리를 풍자하지만, 스위스를 '앞뒤가 같은 나라'로 풀어내고 '아제 아제 바라아제'와 병치하는 방식은 기발함에도 불구하고 다소 억지스럽다. 이러한 언어적 장치는 초현실적 리듬을 만들어 내지만, 내적 정서와 긴밀히 결합하지 못해 형식적 장난에 머무르는 인상을 남긴다.

　「시뉴의 후유증」에서 반복되는 자기 부정적 진술은 인간관계의 피로를 날카롭게 포착하는 듯 보인다. 그러나 "생각은 하지 않기로 했다", "시늉만 했을 뿐이다" 같은 구절들은 구체적 상황을 구축하기보다 무기력한 진술의 나열로 흐른다. 시적 긴장이 축적되기보다, 권태와 무력감의 중언부언에 가까워진다.

「만물상회」는 사기와 속임수의 사례를 번호 매겨 나열하면서 우화적 효과를 노리지만, 과도한 사례 제시로 인해 메시지가 분산된다. 특히 '서기 2095년 로봇의 눈물 사기'와 같은 과장된 상상력은 흥미롭지만, 앞선 일상적 사례들과의 연결이 헐겁다. 나열과 병치가 시적 긴장보다는 산만함을 강화하는 것이다.

「선방을 날려라」는 가상의 딸을 향한 발화를 통해 기존 가치관을 뒤집으려 하지만, "남들보다 뛰어난 두뇌와 미모는 줄 수 없다"는 직접적 어투는 다소 교훈적이고 직설적이다. 결말의 "나는 너를 갖지 않았다고"라는 역설은 충격적이지만, 앞선 문맥과의 조율 없이 던져져 과잉된 효과로 읽히기 쉽다.

종합하면, 김익경의 시는 일상 언어를 비틀어 모호성과 불확실성을 드러내려는 독창적 실험을 감행한다. 그러나 그 실험은 자주 산만한 병렬, 억지스러운 언어유희, 과잉된 효과로 인해 시적 울림을 약화시킨다. 의미를 의도적으로 지연시키는 전략은 가능성이지만, 독자와의 접점을 좁히지 못하면 공허한 수사로 남을 위험이 크다. 결국 김익경의 과제는 모호함을 전략으로 삼되, 그것을 보다 정교하게 통제해 설득력 있는 긴장으로 전환하는 데 있을 것이다.

폭력의 상상력과 시적 긴장의 불균형

— 박수일 시에 대한 비판적 고찰

박수일의 시는 폭력과 저항, 사회적 발화가 뒤섞이는 장면을 과감히 제시한다. 「불한당들의 투명한 디저트」에서 카페 풍경 속에 정치·환경·AI 담론이 병치되고, 「레드 썬」에서는 총을 화분에 심는 기괴한 은유를 통해 폭력의 일상화를 드러낸다. 그러나 이러한 실험적 상상력은 자주 언어의 과잉과 서사의 도식화로 귀결되며, 정서적 설득력을 충분히 확보하지 못한다는 점에서 한계를 드러낸다.

첫째, 박수일 시의 폭력적 상상력은 종종 도식적이고 예측 가능한 결말로 이어진다. '철컥', '탕탕탕'과 같은 의성어의 반복이나 개가 인간의 길들임을 거부하는 서사는 강렬하나, 지나치게 직접적이고 설명적이다. 이는 언어가 새로운 의미망을 창출하기보다 단순 자극에 머물게 하며, 독자가 폭력적 상상 속에서 새로운 사유의 계기를 발견하기 어렵게 만든다.

둘째, 사회적 담론과 개인적 서사의 접속이 미완이다. 「불한당들의 투명한 디저트」 속 AI의 '평론 발화' 장치는 흥미로우나, 작품 내부에서 충분히 소화되지 못한 채 장치적 효과에 머문다. 이는 시인이 사회적 문제의식을 끌어들이되, 정작 그것을 언어적으로 재구성하는 능력에서 설득력을 확보하지 못한 예라 할 수 있다.

셋째, 정서의 밀도가 수사의 과잉에 묻히는 경향이 두드러진다. 「내가 아닐 개」에서 반복되는 "~할 개" 구문은 저항의 리듬을 형성하지만, 장황한 나열 속에서 정서적 긴박감이 희석된다. 마찬가지로 「역진화하는 소화기」의 '후레자식', '미친년' 같은 노골적 언어와 '사이렌과 세이렌'의 언어유희는 시적 긴장을 강화하기보다 과장된 장식에 가까워진다.

넷째, 서사가 과잉된 반면, 결말은 공허하게 귀결된다. 「스프링 캠프」가 경기장의 적대와 긴장을 고조시키다가 결국 '플레이 볼!'로 끝나는 장면은, 언어적 긴장을 생성한 만큼의 의미적 전환을 제공하지 못한다. 긴장의 누적이 해소되지 못하고, 단순한 구호로 봉합되는 것이다.

결국 박수일의 시는 폭력과 불안의 시대적 감각을 언어화하려는 의지에도 불구하고, 그 전략이 도식적 상상력·수사의 과잉·결말의 공허함으로 인해 설득력을 잃는다. 그의 과제는 폭력의 이미지 자체를 전시하는 데 그치지 않고, 그것을 정서적·언어적 긴밀함 속에서 변주하여 독창적 사유로 이끌어내는 데 있을 것이다.

이미지의 과잉과 균열의 미학

— 정월향 시의 한계에 대하여

    정월향의 시 세계는 무엇보다 강렬한 이미지의 병렬과 파편적 언어 실험으로 특징지어진다. 「솥을 걸었다」, 「전성시대」, 「다섯 개의 머리」, 「뱀의 발을 보았지」 등은 일상적 사물이나 기억을 비틀어 낯선 기괴성으로 제시하는 데 주저함이 없다. 그러나 이러한 과감한 시도는 그 자체의 미덕에도 불구하고, 시적 성취로 귀결되기보다는 종종 과잉과 산만함의 인상을 남긴다.

    우선 가장 두드러지는 문제는 이미지의 통제 불능이다. 「솥을 걸었다」에서 "붉은 점과 힘든 점과 캄캄한 점"으로 이어지는 나열은 리듬을 확보하지만, 응집된 의미망을 형성하기보다는 무작위적 인상으로 흩어진다. 시인이 의도하는 불안과 혼돈이 독자에게 유효하게 전달되기보다, 언어적 과잉의 피로로 귀결되는 것이다. 마찬가지로 「다섯 개의 머리」에 등장하는 '11%', '5040배'와 같은 수치적 과장은 사회적 경쟁 구조를 드러내려는 장치지만, 정서적 날카로움보다는 기이한 퍼포먼스적 효과로 소비된다.

    둘째, 정월향의 시는 정서적 밀도의 결여라는 문제를 안고 있다.

시인은 내적 혼돈을 외화하려는 욕망을 갖지만, 종종 선언적 구절에 의존한다. 「솥을 걸었다」의 '마녀들의 밤'이나 "거짓말부터 시작해 보자"와 같은 문장은 강렬하나, 시 전체의 맥락 속에서 설득력을 확보하지 못한다. 독자가 시적 자아의 절실함보다는 효과를 위한 장식적 발화를 듣는 듯한 인상을 받게 되는 이유다.

셋째, 현실 인식의 깊이가 이미지의 과잉에 가려진다. 「전성시대」에서 반복적으로 호출되는 '덕순 씨들'은 분명 여성 노동을 환기하는 사회적 상징이다. 그러나 두부, 국수, 숟가락 등으로 이어지는 과잉된 반복은 노동의 구조적 고통을 드러내기보다 초현실적 놀이로 변질된다. 이는 시가 현실을 재현하지 않아도 된다는 전제를 고려하더라도, 주제 의식과 언어가 긴밀히 접속하지 못한 채 분리된 결과라 하겠다.

마지막으로, 시의 결말이 모호함에 안주하는 경향 역시 지적할 만하다. 「뱀의 발을 보았지」는 유년의 기억과 불안을 섬세하게 포착하는 듯하지만, 종국에는 "뱀의 발자국 소리를 들었다"는 모호한 진술로 마무리된다. 이는 독자에게 열린 해석의 여지를 제공하기보다, 끝내 언어적 실험의 불충분한 완결성을 드러내는 지점으로 읽힌다.

종합하자면, 정월향의 시는 언어의 파격과 이미지의 실험이라는 장점을 지니면서도, 그것이 곧바로 시적 밀도의 강화로 이어지지 못한다는 한계를 보여준다. 과잉된 이미지와 파편적 서술은 때로 긴장을 생성하기보다 산만함으로 귀결되고, 정서적 진정성은 반복적 장치 속에서 약화된다. 정월향 시의 과제는, 파격을 단순한 기이함의 전시로 소비하지 않고, 언어적 실험과 정서적 울림을 정교하게 접목하는 데 있을 것이다.